Fix gekocht

Ganz schnell was Leckeres zaubern –
gesunder Genuss im Handumdrehen

Text: Angelika Ilies
Fotos: Michael Brauner

Inhaltsverzeichnis

1. TK-Gemüse

Ob Mais, Erbsen, Spinat oder Brokkoli, ob solo oder in einer bunten Mischung: Tiefkühlgemüse wird gleich nach der Ernte schockgefrostet – und enthält damit oft mehr Vitamine als Gemüse, das tagelang beim Händler auf Kunden wartet. Besonders praktisch und zudem preiswerter als Miniportionen sind Großpackungen: Kleine Mengen lassen sich problemlos entnehmen. Der Heimservice für Tiefkühlkost liefert alles frei Haus – ein Plus für die schnelle Küche, da zeitraubendes Einkaufen und Schlange stehen an der Kasse entfallen.

2. Nudeln

Die Lieblinge von Groß und Klein stehen in ungeheurer Vielfalt zur Verfügung und schnell auf dem Tisch. Zu den Klassikern, den getrockneten Teigwaren, gesellten sich in den letzten Jahren allerlei Sorten aus dem Kühlregal hinzu. Ihr Plus: Frische Tortellini oder Tagliatelle sind blitzschnell fertig. Dass Nudeln auch wunderbare Fitmacher sind, haben Sportler längst erkannt. Sie essen Spaghetti & Co. oft und reichlich, um sich mit energiespendenden Kohlenhydraten zu versorgen. Machen Sie es ihnen nach! Energie ist immer gefragt.

3. Kräuter

Schon wenige Blättchen reichen, um einem Gericht eine besondere Note und eine Extra-Portion Vitamine, Mineralien und andere Fitmacher zu verleihen. Töpfchen mit Lieblingskräutern auf Balkon oder Fensterbank stellen: Dill, Kresse, Thymian, Salbei, Kerbel, Liebstöckel, Minze, Koriander, Majoran und Oregano gedeihen besonders gut. Wer keinen grünen Daumen hat, sollte verschiedene Kräuter im Tiefkühler lagern. Etliche Sorten gibt's fertig abgepackt zu kaufen, andere können Sie frisch besorgen, hacken und selbst einfrieren.

4. Öl

Neben neutralen Ölen wie Sonnenblumen- oder Rapsöl sorgen Spezialitäten wie Kürbiskernöl, Walnussöl oder Traubenkernöl blitzschnell und tropfenweise für Abwechslung und raffinierten Genuss. Olivenöl hat in den letzten Jahren unsere Küchen erobert. Bevorzugen Sie unbedingt kaltgepresstes Öl. Darin stecken reichlich ungesättigte Fettsäuren, die unser Körper für Gesundheit und Wohlbefinden benötigt. Und: Kaufen Sie doch mal sehr hochwertiges, also auch etwas teureres Öl. Die Aromafülle wird Sie überzeugen.

5. Kartoffeln

Dass sie keine Dick-, sondern Fitmacher sind, ist kein Geheimnis mehr. In den braunen Knollen stecken jede Menge an Vitaminen, Mineralien und Kohlenhydraten, die für langfristige Energiezufuhr und Sättigung sorgen. Und wer glaubt, dass Kartoffeln nicht zur schnellen Küche passen, irrt gewaltig: Im Schnellkochtopf zubereitet, sind sie nach nur 7 Minuten gar. Noch rasanter geht es in der Mikrowelle: Hier braucht eine Portion Kartoffeln nur noch rekordverdächtige 3 oder 4 Minuten.

6. Reis

Die weißen Körnchen sind in knapp 20 Minuten gegart und liefern reichlich energiespendende Kohlenhydrate. Wer's ganz eilig hat, kauft vorbehandelte Sorten (»Schnellkoch-Reis«), die in wenigen Minuten fertig sind oder sogar nur erhitzt werden müssen. Und wer noch mehr für seine Gesundheit will, kocht Natur- oder Vollkornreis und versorgt sich so mit zusätzlichen Vitaminen und Mineralien, die bei weißem Reis mit der äußeren Schale entfernt wurden. Allerdings: Naturreis hat eine längere Garzeit!

1
2
3
4
5
6
450g
Junge BIO-Erbsen

Die Top 6 für den Vorratsschrank

1. Tomaten

Wer die roten Sonnenfrüchte stets griffbereit haben will, stellt sich für Saucen und Suppen geschälte Tomaten oder gehackte Tomaten (»Pizzatomaten«) in Dosen oder im Tetrapack in den Vorrat. Für Mini-Mengen und geballtes Aroma bietet sich Tomatenmark in Tuben oder Döschen an. Und für besonders viel Geschmack sorgen getrocknete, in Öl eingelegte Tomaten, die direkt aus dem Glas einsatzbereit und stückweise zu entnehmen sind. Gut haltbar sind getrocknete Tomaten, die allerdings zuerst eingeweicht bzw. gekocht werden müssen.

2. Brühe

Kaum jemand hat heute Zeit, Fleisch- oder Gemüsebrühe aus frischen Zutaten zu kochen. Deshalb bietet die Industrie eine Vielzahl von Produkten an, die diese Arbeit abnehmen. Preiswert und auch gut geeignet zum Würzen und Abschmecken von Gerichten sind getrocknete Brühen (als Pulver im Glas oder in Würfel gepresst). Aromatischer sind Extrakte von Brühen, die es als Pasten in kleinen Gläsern oder als flüssige Extrakte in Plastikfläschchen gibt. Und für besonders feinen Geschmack sorgen Gemüse- und Fleischfonds aus dem Glas.

3. Gewürze

Wer blitzschnell und zugleich abwechslungsreich kochen möchte, sollte ein gut gefülltes Gewürzregal haben: Gemahlener Koriander, Kreuzkümmel, Curry-, Fünfgewürz- und Kurkumapulver geben Exotischem die typische Note und Klassischem einen raffinierten Touch. Getrocknete zerbröselte Chilischote oder Cayennepfeffer verleihen würzige Schärfe. Auch Kochsalz ist unentbehrlich. Heute weiß man, dass ein maßvoller Einsatz in der Küche keinen Einfluss auf Bluthochdruck und andere Beschwerden hat.

4. Hülsenfrüchte

Erbsen, Linsen und Bohnen in verschiedenen Farben, nussige Kichererbsen – das Angebot an Hülsenfrüchten ist groß. Und da es etliche vorgekochte Sorten in Gläsern und Dosen gibt, passen sie bestens zur gesunden Blitzküche. Hülsenfrüchte versorgen Sie mit hochwertigem pflanzlichem Eiweiß, und durch den reichen Gehalt an Kohlenhydraten machen sie lange satt. Wenn es zum Rezept passt, sollten Sie die Flüssigkeit aus der Dose nicht weggießen – darin sind wertvolle Inhaltsstoffe der Hülsenfrüchte gelöst.

5. Polenta & Co.

Getreidespezialitäten wie Polenta und Couscous stehen rasch auf dem Tisch und liefern neben überraschendem Genuss wertvolle Kohlenhydrate, Vitamine und Mineralien. Polenta, grob gemahlener Maisgrieß, wird mit Wasser, Brühe oder Milch zum aromatischen Brei gekocht. Superschnell fertig: Instant-Polenta, die nur noch kurz aufquellen muss. Gleiches gilt für Instant-Couscous, die Blitzvariante des im arabischem Raum beliebten Weizengrießes. Polenta oder Couscous pur als Beilage servieren oder mit Kräutern, Tomaten oder Käse abrunden.

6. Senf & Co.

Schon kleine Mengen reichen, um im Handumdrehen Sauce, Salatdressing oder Sandwich raffiniert zu würzen. Senf und Meerrettich sowie gehackter Ingwer und Knoblauch sollten in kleinen Gläsern oder Tuben in jeder Blitzküche zu finden sein – einmal geöffnet lassen sie sich monatelang im Kühlschrank aufbewahren. Gesund sind sie außerdem – in den Scharfmachern stecken ätherische Öle, die die Verdauung anregen, unerwünschte Bakterien bekämpfen und die Abwehrkräfte steigern.

1
POMODORI PELATI
2
3
Rote
Kidney-Bohn
naturell
4
5
6

Die Top 6 für den Kältevorrat

1. Pesto & Co.

Ob klassisch zu Spaghetti oder Gemüsesuppe serviert, löffelweise zum Würzen anderer Gerichte verwendet oder dünn aufs Tomatenbrot gestrichen – Pesto gibt im Nu eine typisch italienische Note. Neben der traditionellen grünen Basilikumpaste aus Ligurien gibt es – wie Pesto in kleinen Gläser abgefüllt – tomatenrotes Pesto, Tapenade aus schwarzen Oliven, Bärlauchpaste, Kräuter der Provence, Walnusscreme und etliche andere Kräutermischungen. Geöffnete Gläschen im Kühlschrank aufbewahren, dort halten sie sich wochenlang.

2. Gnocchi

Die kleinen italienischen Kartoffelklößchen waren noch vor wenigen Jahren kaum zu bekommen, inzwischen bietet sie jeder Supermarkt an. Am besten schmecken die Sorten aus dem Kühlregal, sie benötigen für die Haltbarmachung keine spezielle Behandlung oder gar Konservierungsstoffe. Gnocchi schmecken gut zu Nudelsaucen oder pur als Beilage. Im Trend: Gefüllte Gnocchi, die sich mit zerlassener Butter oder feinem Olivenöl krönen und wirklich im Handumdrehen servieren lassen.

3. Teigsorten

Am schnellsten backen Sie Pizza oder Kuchen, wenn Sie bereits ausgerollte Teige aus dem Supermarkt-Kühlregal nehmen: Packung öffnen, Teig auseinander rollen, auf das Blech heben, nach Belieben belegen und backen. Bleibt mehr Zeit, können auch tiefgefrorene Teige die Basis bilden – in der Mikrowelle sind sie blitzschnell aufgetaut (auf kleiner Stufe, sonst werden sie trocken oder hart!). Tipp für Liebhaber orientalischer Küchen: Reisblätter aus dem Asienshop oder Yufka- bzw. Phylloteig aus türkischen oder griechischen Läden versuchen.

4. Käse

Mit frisch geriebenem Parmesan wird aus schlichten Spaghetti ein Hochgenuss. Doch nicht nur der beliebte italienische Hartkäse, auch weicher Mozzarella oder würziger Feta und andere Käsesorten eignen sich für schnelle Snacks ebenso wie zum Überbacken oder zum Verfeinern von Nudeln, Kartoffeln und Gemüse. Die Käse werden abgepackt angeboten und sind wochenlang haltbar, können auch am Stück eingefroren werden. Extra-Tipp: Auch geriebener abgepackter Käse lässt sich gut einfrieren. Nach Bedarf in kleinen Mengen auftauen und verwenden.

5. Meeresfrüchte

Legen Sie sich kleine und große Garnelen oder gemischte Meeresfrüchte in den Tiefkühler. Denn damit lassen sich Pizza und Spaghetti ruckzuck veredeln oder auch feine Salate auf die Schnelle servieren. Auch andere Meeresbewohner sorgen für blitzschnelle Abwechslung: Stellen Sie ein Glas mit eingelegten Muscheln in den Schrank. Und auch Tunfisch aus der Dose macht aus vielen Gerichten im Nu etwas Besonderes. Kaufen Sie für den Vorrat verschiedene Sorten. Mal eignet sich in Wasser eingelegter Tunfisch am besten, mal der in Öl eingelegte.

6. Eier

Eier sind ideal für die unkomplizierte Blitzküche, denn sie lassen sich schnell braten, kochen oder rühren – kaum ein Lebensmittel ist derart vielseitig. Bevorzugen Sie Eier aus artgerechter Freilandhaltung, und bewahren Sie sie stets im Kühlschrank auf, dort bleiben sie am längsten frisch.
Seit einigen Jahren muss ein Mindesthaltbarkeitsdatum auf dem Karton aufgedruckt sein. Demnächst finden Sie dort auch Angaben über Herkunftsland und Haltungsart. Lassen Sie die Eier deshalb möglichst in der Packung.

Pesto
1

2

3

4

5
TONNO
DI TONNARA
ALL'OLIO
DI OLIVA

6

1. Garen in Folie

Was im Bratbeutel verpackt oder mit Alufolie umwickelt garen kann, kommt mit einer geballten Ladung an Gesundem daher. Denn Vitamine und Mineralien sind empfindlich und können leicht durch Licht zerstört werden, ins Kochwasser entschwinden oder in die Luft verdampfen. In Beutel oder Folie hingegen sind sie gut unter Verschluss. Ein zusätzlicher Pluspunkt für die Blitzküche: Beim Garen in Folie entfällt der Abwasch – auch das spart schließlich Zeit und gehört zum schnellen Kochen.

2. Wokbraten

Mit dem Wok, dem Mittelding zwischen Pfanne und Topf, ist eine typisch asiatische Garmethode auch in unseren Küchen populär geworden: das schnelle Braten unter ständigem Rühren bei großer Hitze. Alle Zutaten werden dabei zuerst gleichmäßig klein geschnitten, dann unter stetigem Rühren bei starker Hitze in wenigen Minuten gegart. Das Kleinschneiden verhindert ein Verbrennen der Zutaten vor dem Garwerden, und durch den sehr kurzen Garprozess bleiben Vitamine und Mineralien bestmöglich erhalten.

3. Schnellkochen

Im Druckkochtopf gart alles fest abgeriegelt – Vitamine und Mineralien entschwinden nicht in die Luft. Und durch die kurze Garzeit werden die wertvollen Stoffe nur zu einem kleinen Teil zerstört. So geht's: Zutaten mit etwas Flüssigkeit in den Topf geben, Deckel aufsetzen. Aufkochen, je nach Gerät abdampfen lassen, dann Garstufe einstellen und Hitzezufuhr so regulieren, dass der gewünschte Ring sichtbar wird und bleibt. Nach Ende der Garzeit Topf unter kaltem Wasser abkühlen oder vorsichtig abdampfen lassen (weg vom Körper!), dann öffnen.

4. Dünsten

So nennen Fachleute das Garen im fest verschlossenen Topf im eigenen Saft oder in wenig Flüssigkeit (etwa in Wasser, Wein oder Brühe). Die geringe Flüssigkeitsmenge verhindert, dass Vitamine und Mineralien ausgeschwemmt werden. Und ein fest sitzender Deckel sorgt dafür, dass die gesunden Stoffe – und damit auch die feinen Aromen – sich nicht mit dem Dampf in Luft auflösen, beides wichtige Aspekte, um schonend und gesund zu kochen. Schnell geht's außerdem – langes Ankochen entfällt.

5. Grillen

Fachleute verstehen darunter das Garen durch Strahlungs- oder Kontaktwärme mit gleichzeitiger Bräunung der Zutaten. Beim Grillen entstehen Röststoffe, die für ein spezielles herzhaftes Aroma sorgen. Deshalb schmeckt Gegrilltes so gut. Weiterer Vorteil: Grillen geht wunderbar schnell. Und gesund ist diese Garmethode ohnehin, denn es muss kein Bratfett zugegeben werden. Grillen können Sie nicht nur auf Holzkohle im Freien. Viele Backöfen haben einen zuschaltbaren Grill, und spezielle Tischgeräte machen das Vergnügen selbst am Esstisch möglich.

6. Braten

Perfekt zur schnellen Küche passt das Kurzbraten im Gegensatz zum langsamen Braten oder Schmoren im Ofen. Beim Kurzbraten kommt Fleisch in eine meist stark erhitzte Pfanne. Die Poren schließen sich im Nu, der Fleischsaft wird eingeschlossen und damit das Aroma ebenso wie all die enthaltenen Vitamine und Mineralien. Wer auf fettarme Ernährung achtet, gibt wenig Fett in die Pfanne, am besten ein hoch erhitzbares Pflanzenöl. Noch besser: das Braten in beschichteten Pfannen. Dabei ist oft keine Fettzugabe nötig, beim starken Anbraten reicht eine sehr kleine Menge.

1

2

3

4

5

6

1. Blitzhacker

Ob Zwiebeln oder Nüsse, Pilze oder Kräuter – Blitzhacker kriegen vieles in Sekundenschnelle klein. Es gibt mechanische ebenso wie elektrisch betriebene Zerhacker. Welchen Sie anschaffen, ist eine Geld- und Platzfrage. Legen Sie beim Kauf Wert darauf, dass sich das Gerät leicht auseinandernehmen, reinigen und zusammensetzen lässt.

2. Maschine

Wer häufig kocht und ausreichend Platz in der Küche hat, für den lohnt sich die Anschaffung einer Küchenmaschine. Die rührt und knetet, mixt und püriert, reibt und hobelt die verschiedensten Zutaten im Nu. Allerdings muss sie griffbereit stehen, sonst wird sie kaum genutzt. Wichtig außerdem: Sie muss sich einfach zerlegen und reinigen lassen.

3. Pürierstab

Ob als Einzelgerät oder als Zusatz für den elektrischen Handrührer – im Nu püriert er Früchte und gegartes Gemüse, macht Suppen samtig und glatt. Trick für leichte cremige Saucen: Einige Gemüse- oder Kartoffelwürfelchen im Bratenfond mitgaren und anschließend pürieren – das sorgt für Bindung ohne Mehl und Fett, dafür mit gesunden Vitaminen.

4. Mikrowelle

In vielen Haushalten wird das Mikrowellengerät nur zum Aufwärmen von Fertiggerichten eingeschaltet. Nutzen Sie die schnelle Welle auch zum Zeitsparen beim alltäglichen Kochen und Backen: etwa um schnell und problemlos Butter oder Margarine zu verflüssigen, um Milch zu erwärmen, um eingeweichte Gelatine aufzulösen oder um Schokolade zu schmelzen.

5. Sparschäler

Ein unentbehrlicher Helfer beim Vorbereiten von Kartoffeln und Gemüse. Es gibt diverse Formen: Modelle mit beweglicher Klinge passen sich der Gemüseform beim Schälen an. Geübte hingegen erledigen die Arbeit meist schneller mit einem Schäler mit starrer Klinge. Praktisch und zeitsparend: ein seitlich am Schäler angebrachter Ausstecher für Keime und schadhafte Stellen.

6. Handrührer

Dieser elektrische Universalhelfer darf in keiner Küche fehlen. Mit den aufsteckbaren Schneebesen sind Eischnee, Schlagsahne und viele Cremespeisen blitzschnell fertig. Die Knethaken schaffen jeden Teig. Und das ganz ohne Muskelkraft. Besonders praktisch und platzsparend sind elektrische Handrührer mit Zubehör wie Pürierstab oder Zerkleinerer (siehe oben).

7. Kartoffelpresse

Frisch zubereitetes Kartoffelpüree – ein unvergleichlicher Genuss und dank der reichlich enthaltenen Vitamine und Mineralien weit gesünder als Püree aus der Packung. Mit Hilfe von Schnellkochtopf und Kartoffelpresse können Sie es schnell zubereiten. Auf leichte Handhabung und Spülmaschinen-Eignung achten.

8. Käsereibe

Frisch geriebener Käse würzt Nudeln und viele andere Gerichte auf schnelle und raffinierte Art. Ob Parmesan, Emmentaler oder Gruyère – am Stück lässt sich Hartkäse in Folie verpackt wochenlang im Kühlschrank aufbewahren und bei Bedarf in der gewünschten Menge reiben. Praktisch: Käsereiben mit Deckel.

9. Messer

Die wohl wichtigsten Hilfsmittel beim Kochen. Scharfe, gute Messer erleichtern die Küchenarbeit ungemein. Kaufen Sie hochwertige, schwere Exemplare mit elastischer Klinge. Und schrecken Sie nicht vor großen Messern zurück – mit etwas Übung lässt sich damit die kleinste Zwiebel schneiden. Und zwar in Windeseile.

Silit

1

KENWOOD
KENWOOD
chef classic

2

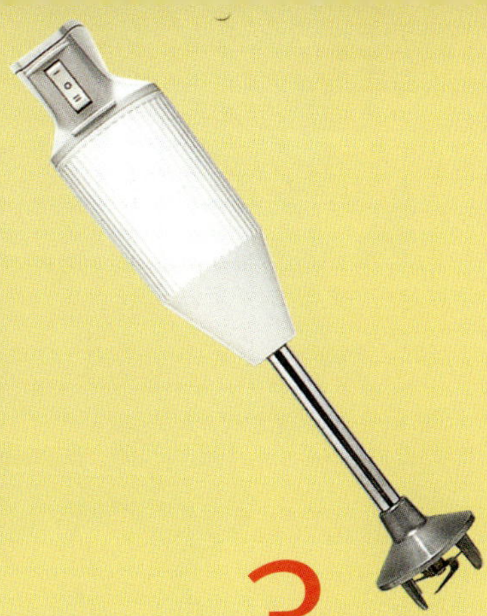

3

GoldStar

4

Silit

5

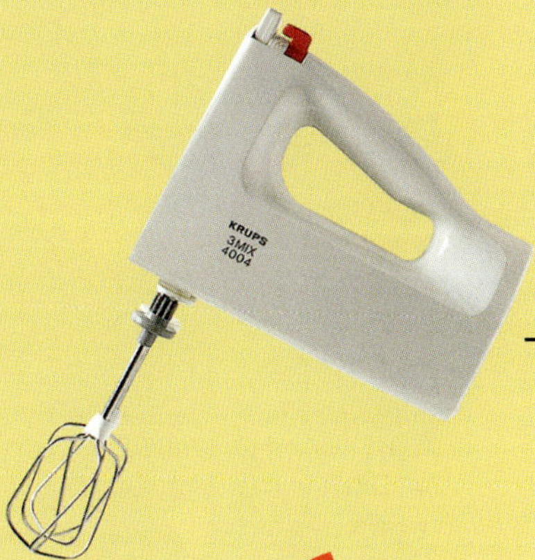
KRUPS
3MIX
4004

6

Silit

7

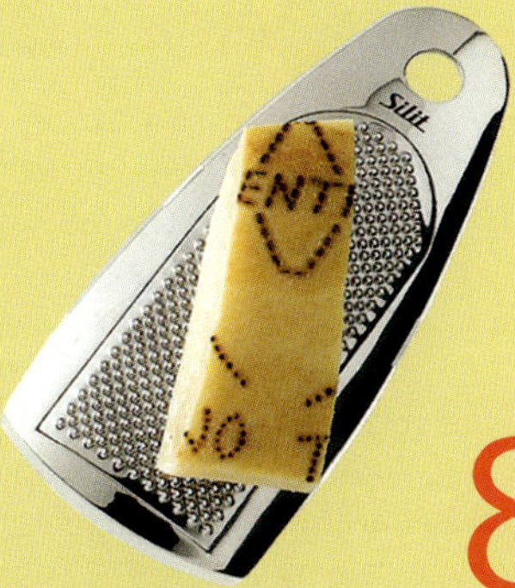
Silit

8

Silit

9

Das gibt gesunde Power

1. Kalorien

Ohne Energie läuft in unserem Körper nichts, eine regelmäßige Zufuhr ist unerlässlich. Deshalb essen und trinken wir. Dabei wird jedes verzehrte Lebensmittel im Körper »verbrannt«. Mit Hilfe des eingeatmeten Sauerstoffs entsteht aus den in den Lebensmitteln enthaltenen Nährstoffen schnell verfügbare Energie, die in Kalorien bzw. Kilokalorien (kcal) oder Joule (kJ) gemessen wird (1 kcal = 4,184 kJ; 1 kJ = 0,239 kcal). 1 g Eiweiß und 1 g Kohlenhydrate liefern je etwa 4 kcal, 1 g Fett etwa 9 kcal und 1 g Alkohol etwa 7 kcal.

2. Kohlenhydrate

Kohlenhydrate sollten 50–60 Prozent der Nahrung ausmachen. Sie werden von Pflanzen gebildet, die mithilfe von Sonnenlicht Kohlenstoff und Wasserstoff in Zuckermoleküle umwandeln. Mit den Lebensmitteln liefern sie uns Energie, versorgen das Gehirn, sind Nervennahrung und Stimmungsmacher. Der Körper wandelt Kohlenhydrate in Glukose um. Je nach Art der Kohlenhydrate steht dabei entweder rasch und kurzzeitig Energie zur Verfügung (bei Zucker), oder sie fließt langsam und stetig (bei Getreide, Gemüse, Obst).

3. Fett

Fett sollte etwa 30 Prozent unserer täglichen Nahrungsenergie liefern. Es ist u. a. wichtiger Baustoff für Zellen und Zellwände, schützt Haut und innere Organe und transportiert fettlösliche Vitamine im Blut an ihre Bestimmungsorte. Wissenschaftler unterscheiden gesättigte von ungesättigten Fetten bzw. -säuren. Gesättigte Fettsäuren stecken vorwiegend in tierischen Lebensmitteln, ungesättigte in pflanzlichen. Wir sollten von allem ungefähr gleiche Mengen essen. Meist überwiegen jedoch tierische Fette – hier gilt es zu sparen.

4. Eiweiß

Wird auch Protein genannt und sollte 10–15 Prozent unserer Nahrung ausmachen. Eiweiß kommt fast überall in unserem Körper vor. Es dient als Aufbaustoff für Körperzellen und ist Bestandteil von Blut, Muskeln, Enzymen und einigen Hormonen. Eiweiß steckt – in unterschiedlicher Form – in fast allen Lebensmitteln: geballt in Tierischem wie Milch, Eiern, Fleisch, aber auch in Pflanzlichem wie Getreide, Hülsenfrüchten, Kartoffeln. Da in Pflanzlichem weniger Fett steckt, sollte man diese Lebensmittel bevorzugen. Die meisten von uns essen zu viel Eiweiß und sollten vor allem tierisches Eiweiß reduzieren.

5. Wieviel wovon

So essen und trinken Sie ausgewogen: **Getränke:** Mindestens 1,5 Liter am Tag, besser mehr. **Getreide, Kartoffeln:** Möglichst zu jeder Mahlzeit – mindestens 3 Portionen am Tag. **Obst und Gemüse:** Reichlich genießen – am besten 5 Portionen am Tag. **Fisch, Fleisch, Wurst, Eier:** Möglichst fettarme Varianten wählen. Pro Woche 1–2 Portionen Seefisch, je 2–3 Portionen Fleisch und Wurst, max. 3 Eier. **Milch- und Milchprodukte:** Pro Tag 2–3 Portionen (wichtige Calciumquelle!). **Öle und Fette:** Sparsam verwenden, auf Qualität achten. **Süßigkeiten:** Nur in kleinen Mengen genießen.

6. Wieviel wann

Auch wann wir was in welcher Menge essen, ist bedeutend für eine gesunde Ernährung. Versorgen wir unseren Körper den ganzen Tag hindurch mit Energie, lassen sich Leistungstiefs verhindern. Neben den drei Hauptmahlzeiten sind deshalb mindestens zwei Snacks empfehlenswert. Nur so bleibt der Blutzuckerspiegel weitgehend konstant, nur so sinkt die Leistung nicht ab. Dabei sollten Frühstück und Abendessen jeweils etwa 25 Prozent der Tagesenergie liefern, das Mittagessen etwa 30 Prozent und die beiden Snacks je etwa 10 Prozent.

1

2

3

4

5

6

1. Ballaststoffe

Die unverdaulichen Bestandteile pflanzlicher Nahrungsmittel, z. B. Schalen oder Zellwände, gehören zu den nicht verwertbaren Kohlenhydraten und sind alles andere als überflüssiger Ballast in den Lebensmitteln. Denn Pflanzenfasern machen lange satt, ohne Kalorien zu liefern, bringen die Verdauung in Schwung und befördern Giftstoffe aus dem Körper. Von Natur aus reich an Ballaststoffen sind Vollkornbrot oder Naturreis, Hülsenfrüchte, Kartoffeln, Gemüse und Obst. Üppig zugreifen, um die erwünschte Menge von 30 g pro Tag zu erreichen.

2. Wasser

Ohne Nahrung könnten wir vier Wochen lang überleben, ohne Flüssigkeit hingegen nur wenige Tage. Wasser ist wichtiger Betriebsstoff und unentbehrlich für einen reibungslosen Stoffwechsel. Unser Körper besteht zu etwa 60 Prozent aus Wasser, und täglich sind mindestens 2 Liter als Nachschub gefordert. Die kommen teilweise aus den »festen« Lebensmitteln (etwa Obst), vor allem aber aus Getränken. Am besten trinken Sie reichlich Mineralwasser, Früchte- und Kräutertees sowie mit Wasser verdünnte Gemüse- und Fruchtsäfte.

3. Vitamine

Sie sind an allen Stoffwechselvorgängen beteiligt, helfen bei der Energiegewinnung, stärken das Abwehrsystem und vieles mehr. Da unser Körper Vitamine nicht selbst herstellen kann, müssen wir sie mit den Lebensmitteln aufnehmen. Jeder Mangel kann zu Gesundheitsstörungen führen. Abwechslung ist bei der Speisenauswahl gefordert. Es gibt 13 verschiedene Vitamine, 4 fett- und 9 wasserlösliche, die alle gleichermaßen wichtig sind. Sie stecken vor allem in Gemüse, Obst, Fleisch, Fisch, Milch- und Vollkornprodukten.

4. Mineralstoffe

Natrium, Kalium, Kalzium, Magnesium & Co. – die gut 20 verschiedenen Mineralstoffe und Spurenelemente sind ebenso unverzichtbar wie Vitamine und ebenfalls an fast allen Vorgängen im Körper beteiligt. Sie dienen beispielsweise als Baustoff für Knochen und Zähne, sorgen für ein gesundes Wachstum ebenso wie für die Blutbildung oder ein ruhiges Nervenkostüm. Essen und trinken wir sehr abwechslungsreich und ausgewogen, versorgen wir uns gut und ausreichend mit all diesen wichtigen Stoffen.

5. SPS

Zu den »SPS«, den sekundären Pflanzenstoffen, gehören z. B. Carotinoide, Phytosterine und Flavonoide: Bei diesen erst in der letzten Zeit erforschten Inhaltsstoffen unserer Lebensmittel handelt sich um eine Vielzahl verschiedener Stoffe mit gesundheitsfördernder Wirkung. Dazu gehören Farb- und Duftstoffe, Geschmacks-, Boten- und Signalstoffe, die in Pflanzen produziert werden. Entsprechend kommen diese Stoffe reichlich vor in Obst und Gemüse aller Art. Empfehlung: Speiseplan abwechslungsreich zusammenstellen, um eine große Palette der Stoffe aufzunehmen.

6. Ihr Gewicht

Lange beurteilte man das Körpergewicht nach dem so genannten Broca-Index, nach dem gilt: Normalgewicht = Körpergröße (cm) minus 100. Für das Idealgewicht müssen Frauen nochmals 10 Prozent abziehen. Heute arbeitet man eher mit dem Body-Mass-Index (BMI), der das Körpergewicht in ein Verhältnis zur Körpergröße setzt. Nach dieser Formel wird er berechnet: BMI = Körpergewicht (in kg) geteilt durch Körpergröße im Quadrat (in Metern). Ihr BMI sollte möglichst zwischen 20 und 25 liegen. Bei einem höheren Wert sollten einige Pfunde purzeln.

1
2
3
Mineral Aktiv
20 Brausetabletten
4
5
6

Fix was Kleines

Salate, Toasts und andere Snacks

Für den kleinen Hunger zwischendurch schnell einen Salat zaubern oder flink für den Ausflug ein Sandwich vorbereiten – kein Problem mit einem gut durchdachten Lebensmittel-Vorrat. Die richtige Mischung macht's: Peppen Sie Fertiges mit einigen frischen Zutaten auf, sorgen Sie so für Geschmack, Vitamine und kulinarische Abwechslung. Auf den nächsten Seiten finden Sie viele Ideen für unkomplizierte Kleinigkeiten.

Fix und variabel: Salate

Ob als Snack oder Vorspeise – Salate stehen auf der Hitliste der gesunden Kleinigkeiten ganz weit oben. Blitzschnell lässt sich für Abwechslung sorgen, wenn Verschiedenes im Vorratsschrank steht:

- ***Pflanzenöle*** Neben hochwertigen geschmacksneutralen Sorten wie Sonnenblumenöl sind Olivenöl, Walnussöl und Traubenkernöl für Salatfans unverzichtbar.
- ***Essig*** Apfel-, Wein- und Balsamessig sind Standard. Wer gern Neues probiert, nimmt auch mal Himbeer- oder Kräuteressig.
- ***Nüsse und Kerne*** sorgen für Biss und feinen Geschmack. Legen Sie verschiedene Sorten in den Vorratsschrank – in kleinen Mengen. In gut verschließbare Gläser umfüllen, damit sich keine Schädlinge ausbreiten oder einnisten können.
- ***Joghurt und Buttermilch*** sind nicht nur leckere Snacks, sondern auch Basis für leichte Salatdressings.

Sandwich & Co.

So machen Sie fix belegte Brote und Brötchen:

- ***Aufbackbrötchen*** im Vorratsschrank oder Tiefkühler sind im Nu gebacken und garantieren frischen Brötchengenuss ohne Schlange stehen beim Bäcker.
- ***Toastbrot*** hält sich am längsten im verschlossenen Kunststoffbeutel im Kühlschrank.
- Als ***Brotaufstrich*** neben Butter oder Margarine auch Senf, Quark, Frischkäse, Pesto oder andere Kräuterpasten nehmen.
- ***Salatblätter***, Tomaten-, Gurken-, Möhren- oder Radieschenscheiben sorgen als Brotbelag für Abwechslung, Biss und Vitamine.

Genuss unterwegs

Viele der auf den nächsten Seiten vorgestellten Kleinigkeiten lassen sich – richtig verpackt – mit ins Büro oder zu einem Picknick nehmen.

- ***Kunststoffdosen*** mit fest schließendem Deckel sind das ideale Transportmittel für feine Snacks. Nichts kann auslaufen oder zerdrückt werden. Zudem wird die Umwelt geschont – Dosen kann man mehrmals benutzen.
- ***Gläser mit Schraubverschluss*** sind ebenfalls geeignet: Darin ist vor allem Cremiges oder Flüssiges gut verpackt.
- ***Alufolie vermeiden*** – der Umwelt zuliebe!

Pep am Arbeitsplatz

Was unbeschadet das Büro erreicht hat, lässt sich dort rasch appetitlich herrichten:

- ***So viel Zeit muss sein:*** Snack oder Salat aus der Verpackung auf einen Teller umfüllen.
- ***Empfindliches*** wie Tomatenscheiben, Salatblätter oder Kräuterblättchen separat in kleinen Kunststoffdosen mitnehmen und zum Garnieren verwenden.
- ***Gewürzmischungen*** in kleinen Pfeffer- und Salzstreuern am Arbeitsplatz hinstellen.
- ***Kräutertöpfchen*** statt Büropalme aufs Fensterbrett! Mit Basilikum- und Petersilienblättchen lassen sich Snacks am Arbeitsplatz schnell auffrischen.

für Gäste Lauwarmer Pilzsalat

(im Bild hinten)

Für 4–6 Personen:
40 g Räucherspeck
1 Zwiebel
400 g kleine braune Champignons
1 kleine Dose Wachtelbohnen oder weiße Bohnen (400 g Füllgewicht)
1 kleiner Kopf Eichblattsalat
6 EL Olivenöl
3 EL Aceto Balsamico
Salz / schwarzer Pfeffer
30 g Walnusskerne (ca. 3 EL)

Zubereitungszeit: ca. 20 Min.
Pro Portion (bei 6): ca. 225 kcal

1 Den Speck klein würfeln. Die Zwiebel schälen und fein würfeln. Die Champignons kurz waschen, putzen und halbieren oder vierteln. Die Bohnen in ein Sieb abgießen und kalt abspülen, gut abtropfen lassen.

2 Den Eichblattsalat waschen, putzen, trockenschütteln und mundgerecht zerzupfen, auf vier bis sechs Teller verteilen.

3 Etwa 2 EL Öl und den Speck in eine breite beschichtete Pfanne geben, den Speck bei mittlerer Hitze ausbraten. Die Zwiebelwürfel dazugeben und glasig werden lassen.

4 Die Pilze in die Pfanne geben und rundherum bei mittlerer Hitze ca. 3 Min. braten. Die Bohnen untermischen und alles mit Aceto Balsamico, Salz und Pfeffer würzen und über den Eichblattsalat geben. Die Walnusskerne nach Belieben hacken und darüber streuen, das restliche Olivenöl darüber träufeln. Salat sofort servieren.

Turbo clever!

Räucherspeck klein gewürfelt kaufen. Und **küchenfertigen Salat** aus der Tüte nehmen.

Tauschbörse

Den Salat mit einer bunten Mischung aus **verschiedenen Pilzen** noch edler machen. Nehmen Sie beispielsweise Champignons, Egerlinge, Austernpilze, Pfifferlinge und Shiitakepilze oder eine fertige Pilzmischung aus dem Supermarkt.

vitaminreich Bunter Salat mit Ricotta-Mandel-Sauce

(im Bild vorne)

Für 4 Personen:
30 g gestiftelte Mandeln (ca. 6 EL)
175 g Ricotta
4 EL Apfelessig / 1 EL Apfeldicksaft
6 EL Milch
Salz / schwarzer Pfeffer
einige Tropfen Tabasco
1 Tüte Salat-Mix (250 g, aus dem Kühlregal)

Zubereitungszeit: ca. 20 Min.
Pro Portion: ca. 145 kcal

1 Die Mandeln in einer beschichteten Pfanne goldbraun rösten, wieder herausnehmen.

2 Ricotta, Apfelessig, Apfeldicksaft und die Milch cremig rühren. Die Hälfte der Mandelstifte unterrühren, das Dressing mit Salz, Pfeffer und Tabasco abschmecken.

3 Den Salat in einem Sieb kalt abbrausen, trockenschütteln und verlesen, auf Teller verteilen. Das Dressing darüber geben und alles mit den übrigen Mandelstiften bestreuen.

Verwöhnvariante

Statt der bunten Salatmischung aus der Tüte 1 Kopf Eichblatt- oder Friséesalat sowie 1 kleinen Kopf Radicchio putzen, abbrausen und mundgerecht zerzupfen. Einige Radieschen und feste Tomaten waschen und putzen, in Scheiben schneiden und dazugeben.

vitaminreich **Kohlrabisalat mit Walnüssen**

(im Bild vorne)

Für 4 Personen:
3 zarte Kohlrabi mit frischem Grün (à ca. 200 g)
1 Hand voll Blattspinat
100 g Doppelrahm-Frischkäse
5 EL Milch
Salz / schwarzer Pfeffer
1 EL Zitronensaft / 2 TL Walnussöl
40 g Walnusskerne (ca. 4 EL)

Zubereitungszeit: ca. 20 Min.
Pro Portion: ca. 200 kcal

1 Die Kohlrabiknollen putzen und schälen oder nur abziehen. Das zarte Grün für später beiseite legen. Die Knollen erst in dünne Scheiben schneiden, einige Scheiben aufeinander legen und in feine Stifte schneiden.

2 Den Spinat kurz waschen und gut trockenschütteln. Die Blättchen verlesen, grobe Stiele entfernen.

3 Den Frischkäse mit Milch glatt rühren. Mit Salz, Pfeffer, Zitronensaft und dem Walnussöl würzen. Die Hälfte des Kohlrabigrüns fein hacken und untermischen.

4 Spinatblätter auf Tellern ausbreiten, die Kohlrabistreifen darauf verteilen. Alles mit der Frischkäsesauce beträufeln. Die Walnusskerne grob hacken und darüber streuen, alles mit den übrigen Kohlrabiblättchen garnieren.

Tauschbörse

Kein Spinat zu bekommen? Zum Kohlrabi passt auch **Feldsalat** oder fein geschnittener **Eichblattsalat**. Kohlrabiknollen ohne Blattgrün? Dem Dressing durch fein gehackte **Petersilie** eine Extra-Portion an Geschmack und Vitaminen verleihen.

Fitnesstipp

Kohlrabi enthalten reichlich **Vitamin C** – eine Knolle deckt den Tagesbedarf. Aber nur, wenn das Gemüse roh gegessen wird, beim Kochen geht ein großer Batzen des Vitamins verloren. Übrigens ist der Vitamingehalt in den Blättern höher als in den Knollen. Deshalb die Blätter mitverwenden.

für Gäste **Linsensalat mit Garnelen**

(im Bild hinten)

Für 4 Personen:
350 ml Hühnerbrühe
175 g rote Linsen
4 Frühlingszwiebeln
3 EL Weißweinessig
3 EL Olivenöl / 2 EL Traubenkernöl
Salz / schwarzer Pfeffer
1 Prise gemahlener Kreuzkümmel
8 geschälte Riesengarnelen

Zubereitungszeit: ca. 20 Min.
Pro Portion: ca. 445 kcal

1 Die Brühe in einem kleinen Topf aufkochen lassen. Die Linsen hineinstreuen und zugedeckt bei ganz schwacher Hitze ca. 6 Min. garen.

2 Inzwischen die Frühlingszwiebeln waschen, putzen und in feine schräge Ringe schneiden. Unter die noch heißen Linsen mischen. Den Essig, 2 EL Olivenöl und das Traubenkernöl unterrühren, alles mit Salz, Pfeffer und Kreuzkümmel abschmecken.

3 Die Riesengarnelen kalt abbrausen und mit Küchenpapier abtrocknen. Mit Salz und Pfeffer würzen. Das restliche Olivenöl in einer kleinen Pfanne erhitzen, die Garnelen darin rundherum 2–3 Min. braten. Zusammen mit dem Linsensalat anrichten.

für Gäste **Spinat-Toast mit Schweinemedaillons**

(im Bild hinten)

Für 4 Personen:
1 Zwiebel | 2 TL Olivenöl
1 Knoblauchzehe | 450 g TK-Blattspinat
Salz | schwarzer Pfeffer
frisch geriebene Muskatnuss
4 kleine Schweinemedaillons (à 60 g)
2 Fleischtomaten
125 g Schafkäse (Feta)
4 Scheiben Roggenbrot

Zubereitungszeit: ca. 30 Min.
Pro Portion: ca. 355 kcal

1 Den Grill des Backofens oder einen zum Überbacken geeigneten Tischgrill aufheizen. Die Zwiebel schälen und in kleine Würfel schneiden. 1 TL Olivenöl in einem Topf erhitzen, die Zwiebelwürfel darin glasig werden lassen. Den Knoblauch schälen und dazupressen. Den Spinat dazugeben und bei schwacher Hitze auftauen lassen. Aufkochen, mit Salz, Pfeffer und Muskatnuss würzen.

2 Das restliche Öl in einer Pfanne erhitzen, die Medaillons darin von beiden Seiten scharf anbraten, dann von jeder Seite noch 3–4 Min. braten. Mit Salz und Pfeffer würzen.

3 Die Tomaten waschen und ohne den Stielansatz in Scheiben schneiden. Den Schafkäse zerbröckeln. Die Brotscheiben im Toaster oder ganz kurz unter dem aufgeheizten Grill rösten.

4 Den Spinat in ein Sieb geben und gut abtropfen lassen, eventuell zusätzlich etwas Feuchtigkeit ausdrücken. Spinat auf die Brotscheiben geben. Die gebratenen Medaillons und die Tomatenscheiben auflegen, den Käse darüber streuen und alles ca. 5 Min. unter dem Grill bräunen.

vegetarisch **Tomaten-Toast mit Rucola**

(im Bild vorne)

Für 4 Personen:
2 EL Pinienkerne
1 Bund Rucola
4 Scheiben Vollkorntoast
4 EL Ketchup
Salz | schwarzer Pfeffer
2 EL Olivenöl
2 feste Tomaten
125 g Mozzarella

Zubereitungszeit: ca. 20 Min.
Pro Portion: ca. 215 kcal

1 Den Grill des Backofens oder einen zum Überbacken geeigneten Tischgrill aufheizen. Die Pinienkerne in einer kleinen beschichteten Pfanne ohne Fett goldbraun rösten. Aus der Pfanne nehmen.

2 Rucola waschen und trockenschütteln. Die groben Stiele entfernen. Einige Blätter zum Garnieren beiseite legen, die restlichen fein hacken.

3 Die Toastscheiben im Toaster oder ganz kurz unter dem aufgeheizten Grill rösten und mit Ketchup bestreichen. Den gehackten Rucola darauf verteilen, mit Salz und Pfeffer würzen und mit Olivenöl beträufeln. Die Tomaten waschen und abtrocknen, ohne die Stielansätze in Scheiben schneiden und auf die Toasts legen.

4 Den Mozzarella abtropfen lassen, in dünne Scheiben schneiden und auf die Tomaten legen. Unter dem Grill kurz überbacken, bis der Käse zerläuft.

5 Die gerösteten Pinienkerne auf die Brote streuen, alles mit dem beiseite gelegten Rucola garnieren und sofort servieren.

Klassiker **Gefüllte Avocados**

Für 4 Personen:
3 zarte Frühlingszwiebeln
1 kleine Dose Maiskörner (140 g Füllgewicht)
3 EL fettarmer Joghurt
1 EL Salatmayonnaise
1 EL Ketchup
2 EL Zitronensaft
150 g geschälte gekochte Garnelen oder Nordseekrabben
einige Tropfen Tabasco
Salz | schwarzer Pfeffer
2 reife Avocados

Zubereitungszeit: ca. 20 Min.
Pro Portion: ca. 415 kcal

1 Die Frühlingszwiebeln waschen, putzen, in sehr feine Ringe schneiden und in eine Schüssel geben. Den Mais abtropfen lassen und dazugeben. Joghurt, Salatmayonnaise, Ketchup und 1 EL Zitronensaft ebenfalls dazugeben und alles gründlich verrühren.

2 Den größten Teil der Garnelen untermischen, alles mit Tabasco, Salz und Pfeffer abschmecken.

3 Die Avocados längs halbieren, die Steine entfernen. Von allen Hälften an der runden Seite eine dünne Scheibe abschneiden, damit die Hälften später auf dem Teller nicht umkippen. Das Innere der Hälften mit dem restlichen Zitronensaft beträufeln.

4 Die Garnelen-Mais-Mischung in die Avocadohälften füllen und diese auf Teller setzen. Alles mit den übrigen Garnelen garnieren.

Nuss-Omelett mit Schinken

Für 4 Personen:
50 g Haselnuss- oder Mandelblättchen
8 Eier
100 g saure Sahne
Salz / schwarzer Pfeffer
1 Prise gemahlener Koriander
2 EL gehackte Petersilie (frisch oder TK)
100 g magerer roher Schinken in dünnen Scheiben
1 EL Butter

Zubereitungszeit: ca. 20 Min.
Pro Portion: ca. 310 kcal

1 Die Haselnuss- oder Mandelblättchen in einer beschichteten Pfanne ohne Fett bei mittlerer Hitze goldbraun rösten. Herausnehmen und etwas abkühlen lassen.

2 Die Hälfte der Nüsse oder Mandeln mit den Händen zerkrümeln und mit den Eiern und der sauren Sahne verquirlen. Mit Salz, Pfeffer, Koriander und der Petersilie würzen. Den Schinken in feine Streifen schneiden.

3 Je 1/2 TL Butter in zwei kleinen beschichteten Pfannen zerlassen. Je ein Viertel der Eiermasse hineingeben, in den Pfannen verteilen und kurz stocken lassen. Einige Nuss- oder Mandelblättchen und einige Schinkenstreifen einstreuen, die Omeletts wenden und fertig backen. Anschließend ebenso zwei weitere Omeletts backen.

Fitnesstipp

Eine Extra-Portion an Vitaminen gefällig? Eine **Paprikaschote** putzen, waschen, in feine Würfel schneiden und statt des Schinkens beim Backen ins Omelett streuen. Oder zusätzlich zum Schinken nehmen.

vitaminreich # Pikanter Melonenteller

(im Bild hinten)

Für 4 Personen:

1 Zuckermelone (z. B. Charantais oder Cavaillon)
250 g Erdbeeren
2 TL eingelegte grüne Pfefferkörner
2 EL Apfeldicksaft
3 EL Apfelessig
4 EL Walnussöl
Salz / schwarzer Pfeffer
100 g Rucola
20 g Walnusskerne (ca. 2 EL)

Zubereitungszeit: ca. 20 Min.
Pro Portion: ca. 250 kcal

1 Die Zuckermelone längs halbieren, Kerne und Fasern entfernen. Die Hälften in Spalten schneiden, die Spalten schälen. Die Erdbeeren waschen, putzen und halbieren oder vierteln.

2 Die Pfefferkörner mit einem großen Messer ein wenig kleiner hacken. Mit dem Apfeldicksaft, dem Apfelessig und dem Walnussöl gründlich verrühren, mit etwas Salz und schwarzem Pfeffer abschmecken.

3 Den Rucola waschen und gründlich trockenschleudern. Die groben Stiele entfernen, die Blätter in feine Streifen schneiden.

4 Die Melonenspalten zusammen mit den Erdbeeren und dem Rucola auf Tellern anrichten, alles mit dem Dressing beträufeln. Die Walnusskerne hacken und darüber streuen.

preiswert # Gemüsekebabs mit Tomatendip

(im Bild vorne)

Für 4 Personen:

1 Zucchino / 1 kleine Aubergine
1 kleine rote Paprikaschote
200 g mittelgroße Champignons
1 Zwiebel / 100 g getrocknete Aprikosen
4 EL Olivenöl
1 TL getrockneter Majoran
Salz / Pfeffer
1 kleine Dose Pizzatomaten (400 g Füllgewicht)
1 EL TK-Kräuter »Italienische Art«

Zubereitungszeit: ca. 25 Min.
Pro Portion: ca. 200 kcal

1 Den Backofen auf 200° vorheizen, den Grill dazuschalten.

2 Das Gemüse waschen und putzen. Zucchino und Aubergine in 1 1/2 cm dicke Scheiben schneiden, die Auberginenscheiben halbieren. Paprika in Stücke schneiden, Champignons möglichst ganz lassen. Die Zwiebel schälen und halbieren, in einzelne Schichten zerlegen. Die Aprikosen heiß abwaschen und gut abtrocknen.

3 Alle Zutaten auf lange Holzspieße reihen und dicht nebeneinander in eine flache eckige Form legen. Das Öl mit dem Majoran verrühren, mit Salz und Pfeffer würzen. Die Kebabs damit einpinseln. Im Ofen unter dem Grill rundherum ca. 10 Min. leicht braun grillen.

4 Inzwischen die Pizzatomaten in einen Topf geben und erhitzen, eventuell auch etwas einkochen lassen. Mit Salz, Pfeffer und den Kräutern würzen. Zu den Spießen servieren.

für Kinder Petersilien-Paprika-Sandwich

(im Bild vorne)

Für 4 Personen:
6 EL Pinienkerne / 2 Knoblauchzehen
2 Bund glatte Petersilie / 6 EL Olivenöl
3 EL Zitronensaft / Salz / schwarzer Pfeffer
4 große Scheiben Vollkornbrot
1 kleiner Radicchio-Salat / 125 g Mozzarella
1 kleine gelbe Paprikaschote

Zubereitungszeit: ca. 15 Min.
Pro Portion: ca. 435 kcal

1 Die Pinienkerne in einer Pfanne ohne Fett goldbraun rösten. Die Knoblauchzehen schälen. Die Petersilie waschen und trockenschütteln. Pinienkerne, Knoblauch, Petersilie mit den Stielen, Olivenöl und Zitronensaft im Mixer pürieren. Mit Salz und Pfeffer würzen.

2 Die Brotscheiben mit etwas Petersiliencreme bestreichen und halbieren. Den Radicchio-Salat waschen, putzen und gut trockenschütteln. Den Mozzarella in Scheiben schneiden. Die Paprikaschote halbieren, von Kernen, Trennhäutchen und dem Stielansatz befreien, waschen und abtrocknen, in breite Streifen schneiden.

3 Die Brote mit Radicchio, Mozzarella, der restlichen Petersiliencreme und Paprika füllen, zusammenklappen und leicht zusammen drücken.

Fitnesstipp

Statt Wurst kommen hier **Kräuter und Gemüse** zwischen die Brotscheiben – mit einer geballten Ladung an Vitaminen, Mineralien und bioaktiven Substanzen. Petersilie enthält neben reichlich Vitamin C ganz besonders viel Kalium – gut für Herz, Nerven und Muskeln und somit für unsere Leistungsfähigkeit. Wichtig: Die Petersilie wird roh genossen. Vitamine und Mineralien gehen nicht durchs Kochen verloren.

vitaminreich Sprossen-Doppeldecker

(im Bild hinten)

Für 4 Personen:
200 g Speisequark (20 %)
1/2 Päckchen gemischte TK-Kräuter
Salz / schwarzer Pfeffer
4 Vollkorn-Baguettebrötchen
4 Scheiben Sesam-Knäckebrot
125 g gemischte Sprossen
(z. B. Rettich, Linsen, Alfalfa)
4 Scheiben Bergkäse

Zubereitungszeit: ca. 10 Min.
Pro Portion: ca. 325 kcal

1 Den Quark in einer Schüssel mit den Kräutern und eventuell etwas Wasser verrühren, mit Salz und Pfeffer herzhaft abschmecken.

2 Die Baguettebrötchen halbieren, alle Hälften dünn mit dem gewürzten Quark bestreichen. Zusätzlich die Knäckebrotscheiben mit Quark bestreichen.

3 Die Sprossen kalt abbrausen und gut trockenschütteln, verlesen und auf die unteren Brötchenhälften verteilen. Knäckebrotscheiben auflegen, mit Käsescheiben bedecken. Obere Hälften mit der Quarkseite nach unten auf den Käse legen, die Sandwiches leicht zusammendrücken.

Besonders clever!

*Statt mit Kräutern lässt sich Quark auch schnell mit pikanten **Cremes aus dem Glas** aufpeppen: z. B. mit Olivenpaste (die auch Tapenade heißt), Paprikacreme oder Kräuterpasten (von denen Pesto sicher die bekannteste ist). Die Cremes eignen sich auch als schnelle raffinierte Würze für Toasts, Salatsaucen, Dips oder Nudelsaucen.*

preiswert Fruchtige Möhren-Rettich-Rohkost

(im Bild vorne)

Für 4 Personen:

2 Orangen
4 EL Kürbiskernöl
2 EL Apfelessig
1 EL Ahornsirup
Salz / schwarzer Pfeffer
250 g Möhren
250 g Rettich
2 EL Kürbiskerne

Zubereitungszeit: ca. 20 Min.
Pro Portion: ca. 170 kcal

1 Die Orangen so schälen, dass auch die weiße Außenhaut entfernt wird. Dann die Früchte in Scheiben schneiden, die Scheiben halbieren. Den dabei abtropfenden und austretenden Saft auffangen und in eine Salatschüssel geben.

2 Darin das Kürbiskernöl mit dem Apfelessig und dem Ahornsirup verquirlen. Das Dressing mit Salz und Pfeffer abschmecken.

3 Die Möhren und den Rettich schälen, putzen und grob raspeln oder in sehr feine Streifen schneiden. In dem Dressing wenden und zusammen mit den Orangenscheiben anrichten. Die Kürbiskerne darüber streuen.

Verwöhnvariante

Für ganz besonderen Genuss die **Orangen sorgfältig filetieren**. Dafür die Früchte schälen, so dass die weiße Außenhaut völlig entfernt wird. Dann die einzelnen Fruchtsegmente zwischen den Trennhäutchen herausschneiden.

vegetarisch Bauernbrot mit Chili-Frischkäse-Creme

(im Bild hinten)

Für 4 Personen:

3 EL gehackte Mandeln
500 g körniger Frischkäse
Salz / weißer Pfeffer
1 Prise Currypulver
3 EL süßsaure Chilisauce (aus dem Asienladen)
4 Scheiben Bauernbrot
12 kleine Kirschtomaten
80 g gemischte Sprossen (z. B. Alfalfa, Linsen, Rettich)

Zubereitungszeit: ca. 10 Min.
Pro Portion: ca. 265 kcal

1 Die gehackten Mandeln in einer kleinen beschichteten Pfanne ohne Fett goldbraun rösten, in eine Schüssel geben. Den körnigen Frischkäse dazurühren.

2 Die Frischkäsecreme mit Salz, Pfeffer, Currypulver und der Chilisauce verrühren und abschmecken. Die Brotscheiben damit bestreichen.

3 Die Kirschtomaten waschen und vierteln oder halbieren. Die Sprossen kurz abspülen, gut abtropfen lassen und gründlich verlesen sowie eventuell etwas kleiner schneiden. Tomaten und Sprossen auf dem Frischkäse arrangieren.

preiswert
Knabbergemüse »Tonnato«

Für 4 Personen:
1 Dose Tunfisch in Wasser (185 g Füllgewicht)
3 EL Kapern
4 EL fettarmer Joghurt
1/2 unbehandelte Zitrone
edelsüßes Paprikapulver
Salz | schwarzer Pfeffer
2 EL gehackte Petersilie (frisch oder TK)
2 dicke Möhren
2 Chicoréestauden
4 Stangen Staudensellerie
2 Zucchini

Zubereitungszeit: ca. 15 Min.
Pro Portion: ca. 85 kcal

1 Den Tunfisch abtropfen lassen, dann mit 2 EL Kapern und dem Joghurt im Mixer oder mit einem Pürierstab pürieren.

2 Die Zitronenhälfte heiß abwaschen und abtrocknen. Saft auspressen und etwas Schale fein abreiben. Schale und 2 EL Zitronensaft unter die Tunfischcreme rühren und diese mit edelsüßem Paprikapulver, Salz und Pfeffer abschmecken. Die Petersilie und die übrigen Kapern ebenfalls unterrühren.

3 Das Gemüse gründlich waschen und putzen, die Möhren zusätzlich schälen. Chicorée in Blätter teilen, Selleriestangen, Zucchini und Möhren längs in Streifen schneiden. Gemüse mit dem Tunfischdip servieren.

asiatisch **Nudel-Hähnchen-Salat**

Für 4 Personen:
75 g Glasnudeln | 1 rote Chilischote
1 Stück Ingwer (ca. 2 cm) | 1 Knoblauchzehe
2 TL Fünf-Gewürz-Pulver
5 EL helle Sojasauce
3 EL Reisessig | 5 EL Sojaöl
300 g gemischtes TK-Chinagemüse
250 g Hähnchenbrustfilet

Zubereitungszeit: ca. 25 Min.
Pro Portion: ca. 355 kcal

1 Die Glasnudeln nach Packungsangabe einweichen. In ein Sieb abgießen und sehr gut abtropfen lassen. Inzwischen die Chilischote aufschlitzen, putzen, entkernen und waschen, dann fein hacken. Ingwer und Knoblauch ebenfalls schälen und fein hacken.

2 Chili, Ingwer und Knoblauch in einer Salatschüssel mit 1 TL Fünf-Gewürz-Pulver, Sojasauce, Reisessig und 4 EL Sojaöl verrühren.

3 Etwas Wasser aufkochen lassen. Das Tiefkühlgemüse und – falls auf der Packung genannt – die Glasnudeln darin ca. 5 Min. leise kochen lassen. Abgießen und gut abtropfen lassen.

4 Das Hähnchenbrustfilet kalt abwaschen, mit Küchenpapier abtrocknen und schnetzeln oder in kleine Würfel schneiden. Je nach gewünschter Schärfe mit 1/2–1 TL Fünf-Gewürz-Pulver bestreuen. Das übrige Öl in einer kleinen beschichteten Pfanne erhitzen, das Fleisch darin rundherum in 2–3 Min. goldbraun braten.

5 Das Gemüse, die Glasnudeln und das Hähnchenfleisch in der Marinade wenden und alles herzhaft abschmecken.

Turbo clever!

Einige Minuten sparen Sie, wenn Sie gehackten Ingwer und Knoblauch aus dem Glas verwenden und die frische Chilischote durch getrocknete, zerbröselte Chilischote ersetzen.

1

2

3

preiswert **Gratinierte Lauchbrote**

(im Bild links)

Für 4–6 Personen:
1 große Stange Lauch
4 EL Olivenöl
4 EL gehackte Haselnusskerne
1/8 l trockener Rotwein
Salz | schwarzer Pfeffer
1 EL gehackte TK-Kräuter »Italienische Art«
1 kleines Nuss-Baguette oder Nuss-Ciabatta (ca. 250 g)
80 g geriebener Emmentaler

Zubereitungszeit: ca. 30 Min.
Pro Portion (bei 6): ca. 285 kcal

1 Den Backofen auf 225° (Umluft 200°) vorheizen. Den Lauch putzen, aufschlitzen und waschen, gründlich trockenschütteln und in schmale Ringe schneiden.

2 1 EL Öl in einer breiten beschichteten Pfanne erhitzen, die Nüsse darin leicht anrösten. Den Lauch dazugeben und leicht anbraten, dann den Rotwein angießen. Mit Salz, Pfeffer und Kräutern mischen und offen ca. 10 Min. garen. Dabei die Flüssigkeit verdampfen lassen.

3 Inzwischen das Baguette oder Ciabatta in Scheiben schneiden. Scheiben nebeneinander auf ein Backblech legen. Mit dem restlichen Olivenöl beträufeln und im Ofen ca. 5 Min. rösten.

4 Lauchmischung auf die Brotscheiben geben. Den geriebenen Käse aufstreuen und alles im Backofen (Mitte) 5–10 Min. gratinieren.

für Kinder **Pizza-Täschchen**

(im Bild rechts)

Für 4 Personen:
1 Rolle gekühlter Pizzateig (ca. 230 g)
1 kleine Zwiebel
1 kleine Knoblauchzehe
1 EL Tomatenmark
2 TL Olivenöl
1 EL TK-Kräuter »Italienische Art«
25 g Salami (oder Schinkenwürfel)
60 g Mozzarella
schwarzer Pfeffer

Zubereitungszeit: ca. 30 Min.
Pro Portion: ca. 250 kcal

1 Den Backofen auf 250° (Umluft 220°) vorheizen. Ein Backblech mit Backpapier auslegen. Den Pizzateig auseinander rollen und in 8 Tortenstücke schneiden **(Step 1)**.

2 Die Zwiebel und den Knoblauch schälen und sehr fein würfeln. Beides in einer Schüssel mit Tomatenmark, Olivenöl und den Kräutern verrühren. Die Salami und den Mozzarella klein würfeln und dazugeben. Alles vermengen und mit etwas Pfeffer würzen.

3 Jeweils etwa 1 EL von der Füllung am breiten Ende auf die Teigdreiecke geben **(Step 2)**. Dann die spitzen Ecken der Teigdreiecke über Füllung und Teig legen, die Spitzen unter die Teigstücke falten **(Step 3)**.

4 Die Täschchen auf das vorbereitete Backblech legen. Im vorgeheizten Backofen (Mitte) in ca. 10 Min. goldbraun backen.

für Kinder **Hamburger**

Für 4 Personen:
500 g mageres Rinderhackfleisch
Salz / schwarzer Pfeffer
1 EL Öl (nach Belieben)
4 Vollkorn-Brötchen
2 EL mittelscharfer Senf
2 EL Ketchup / 2 EL Chilisauce
4 Salatblätter
1 rote Zwiebel
50 g Salatgurke
2 Tomaten

Zubereitungszeit: ca. 20 Min.
Pro Portion: ca. 420 kcal

1 Den Grill des Backofens oder einen Holzkohlengrill aufheizen. Das Hackfleisch mit etwas Salz und Pfeffer würzen. Zu runden, etwa 2 cm dicken Fladen formen, die Fladen am Rand gerade formen. Nicht zu stark kneten, sonst werden die Hamburger trocken.

2 Die Hamburger unter dem Backofengrill, auf dem Holzkohlengrill oder in dem Öl in einer beschichteten Pfanne pro Seite 3–4 Min. braten. Die Hamburger sollen innen noch leicht rosa und sehr saftig sein.

3 Inzwischen die Brötchen halbieren und toasten oder im Ofen rösten. Die Hälften mit Senf, Ketchup und Chilisauce bestreichen. Salat waschen und abtrocknen, auf die unteren Hälften legen.

4 Die Zwiebel schälen und in feine Ringe schneiden. Die Gurke waschen und eventuell schälen, in dünne Scheiben schneiden. Die Tomaten waschen und ohne Stielansatz in Scheiben schneiden. Alles zusammen mit den gebratenen Hamburgern zwischen die Brötchenhälften geben, die Hälften ein wenig zusammendrücken.

Verwöhnvarianten

Wer's ganz stilecht mag, nimmt 500–600 g Rindfleisch aus der Hüfte oder Schulter, befreit es von überschüssigem Fett und dreht es durch die grobe Scheibe des **Fleischwolfs**. Das grobe Durchdrehen ist eines der Geheimnisse guter Hamburger – dadurch geraten sie besonders saftig. Für **Cheeseburger** eine kleine Käsescheibe (z. B. Cheddar) auf jeden Hamburger legen, unter dem Grill oder in der zugedeckten Pfanne kurz schmelzen lassen.
Wer aufs Fleisch verzichten will, legt **Grünkernburger** zwischen die Brötchenhälften: Dafür 1 Zwiebel und 1 Möhre schälen, grob raspeln. 1/2 EL Öl in einem Topf leicht erhitzen, das Gemüse darin anschwitzen. 75 g Grünkernschrot kurz mit anrösten, mit 150 ml Brühe ablöschen, zugedeckt bei ganz schwacher Hitze 25 Min. ausquellen lassen. 1 Ei und je 1 EL fein gehackte Petersilie, Semmelbrösel und Weizenkeime unter die Grünkernmischung rühren. Mit Salz und Pfeffer würzen und zu vier flachen Burgern formen. Burger in 1 EL Öl bei mittlerer Hitze von jeder Seite ca. 5 Min. braten.

Fitnesstipp

Gesundes Fast Food, das man sich ruhig gönnen darf: Statt in weiche Hamburger-Brötchen aus weißem Mehl kommt die Füllung hier in kernige Vollkorn-Brötchen, die einen höheren Gehalt an wertvollen Mineral- und Ballaststoffen haben. Frische Salatblätter, Gurke, Zwiebel und Tomate liefern zusätzliche Vitamine. Und mit dem mageren Rindfleisch spart man auch Fett gegenüber herkömmlichen Hamburgern.

1

2

3

asiatisch Gemüse-Päckchen

(im Bild links)

Für 4 Personen:
30 g Glasnudeln
1 Knoblauchzehe
1 TL Sambal Oelek
1 EL Sojasauce / 1 EL Zitronensaft
100 g Hähnchenbrustfilet
80 g Sojabohnensprossen
3 Frühlingszwiebeln
2 TL Sojaöl
16 runde Reisblätter (aus dem Asienladen, 16 cm Durchmesser)

Zubereitungszeit: ca. 30 Min.
Pro Portion: ca. 100 kcal

1 Die Glasnudeln in einer Schüssel mit heißem Wasser übergießen und 10 Min. quellen lassen.

2 Knoblauch schälen, hacken und mit Sambal Oelek, Sojasauce und Zitronensaft verrühren. Das Hähnchenbrustfilet kalt abwaschen, abtrocknen und in sehr feine Streifen schneiden **(Step 1)**, in der Marinade wenden.

3 Die Sojabohnensprossen kalt abbrausen und abtropfen lassen. Die Frühlingszwiebeln waschen, putzen und in feine schräge Ringe schneiden.

4 Das Sojaöl in einer kleinen beschichteten Pfanne erhitzen, das Hähnchenfleisch darin rundherum 2 Min. braten. Aus der Pfanne nehmen, mit den übrigen vorbereiteten Zutaten mischen.

5 Nacheinander die Reisblätter einzeln 2–3 Min. in kaltem Wasser einweichen. Jeweils zwei Blätter übereinander auf einem Brett auslegen. 2 EL Füllung in der Mitte darauf geben **(Step 2)**. Die Füllung in den Reisblättern einwickeln, dabei die Seiten nach innen einschlagen **(Step 3)**.

Schnellkochtopf Überbackene Kartoffeln

(im Bild rechts)

Für 4 Personen:
600 g mittelgroße, neue fest kochende Kartoffeln
Salz
3 Frühlingszwiebeln
2 Zweige frischer Thymian
1 TL Öl
100 g Schinkenwürfel
schwarzer Pfeffer
Cayennepfeffer
2 EL Frischkäse oder Schmand
60 g geriebener Pizzakäse

Zubereitungszeit: ca. 30 Min.
Pro Portion: ca. 215 kcal

1 Die Kartoffeln waschen und abbürsten. In wenig Salzwasser im Schnellkochtopf auf Stufe 2 ca. 8 Min. garen.

2 Inzwischen den Backofen auf 225° vorheizen. Die Frühlingszwiebeln waschen, putzen und in feine Ringe schneiden. Thymian waschen, Blättchen abstreifen. Das Öl in einer kleinen beschichteten Pfanne erhitzen, die Frühlingszwiebeln darin leicht anschwitzen. Die Schinkenwürfel dazugeben, mit schwarzem Pfeffer, Cayennepfeffer und Thymian würzen. In eine Schüssel umfüllen, Frischkäse oder Schmand unterrühren.

3 Die Kartoffeln abdampfen lassen und kalt abspülen, um sie ein wenig abzukühlen. Längs halbieren, mit einem spitzen Schälmesser ein wenig auskratzen und nebeneinander in eine flache Gratinform setzen. Die Frühlingszwiebelmischung hineingeben, den geriebenen Pizzakäse aufstreuen. Alles im Ofen (Mitte, Umluft 200°) ca. 10 Min. überbacken.

Schnelle Beilagen

Das »Dazu« für alle Gelegenheiten

Ein Steak, Spiegelei oder Schnitzel in die Pfanne hauen – das kann fast jeder. Doch was gibt's dazu? Immer nur Baguette, Nudeln oder Püree aus der Packung – das ist langweilig und muss nicht sein, selbst wenn man in Eile ist. Ob Kartoffeln oder Gemüse, Nudeln oder Reis: Ideen für raffinierte Beilagen, die ruck-zuck fertig sind, finden Sie auf den nächsten Seiten.

Was passt wozu?

Wie beim Wein gilt heute: Es passt, was schmeckt. Klar, dass Sie zu einem asiatischen Fischgericht keinen spanischen Reis servieren und dass Sie ein Fischragout mit Sellerie nicht zusätzlich mit Chicorée kombinieren.

- Immer gut: ***Brot aller Art.*** Statt Baguette auch mal Ciabatta, Vollkorn-, Walnuss- oder Olivenbrot probieren.
- Enthält das Hauptgericht bereits ***Gemüse***, passen als Beilage Kartoffeln, Nudeln oder Reis am besten.
- Stecken ***Kartoffeln, Reis oder Nudeln*** im Hauptgericht, rundet eine Gemüsebeilage das Mahl perfekt ab.
- Zu einem Fleisch- oder Fischgericht ***mit Sauce*** passt eine eher trockene Beilage.
- Zu einem eher trockenen Fleisch- oder Fischgericht darf die ***Beilage feucht*** und saucenreich sein.

Convenience mit Pep

Supermärkte bieten eine Vielzahl an schnellen Beilagen aus Tüte oder Packung an. Die schmecken mehr oder weniger gut und sind – zumal wenn oft serviert – auf Dauer meist langweilig. So lässt sich Fertiges kurzerhand verfeinern:

Kartoffelpüree zum Anrühren

- in wenig Öl gebratene Zwiebel- und Knoblauchwürfel untermischen
- gehackte Chilischoten und Olivenöl unterrühren
- ausgebratene Speck- oder Salamiwürfelchen untermengen
- gehacktes Basilikum und fein gewürfelten Mozzarella unterrühren
- mit Tomatenmark rot oder mit Pesto aus dem Glas grün färben
- in eine Gratinform streichen oder spritzen, mit Käse bestreuen und überbacken

Kartoffelpuffer zum Anrühren

- zusätzlich Mais aus der Dose oder geraspelte Möhren untermengen
- gehackte Kräuter (frisch oder TK) unterrühren
- im Waffeleisen zu knusprigen Waffeln backen

Reis

- während des Kochens mit Kurkuma, Curry, Safran, Tomatenmark, Pesto oder anderer Kräuterpaste färben und zugleich würzen
- mit verquirltem Ei und Semmelbröseln verrühren und in einer Pfanne in etwas Öl zu Puffern braten
- mit zerbröckeltem Fetakäse und gehacktem Thymian vermengen
- am Schluss der Kochzeit Gemüse aus der Dose wie Mais, Erbsen, weiße Bohnen oder Kidney-Bohnen hinzufügen

Clever vorkochen und aufbewahren

Wer vorausplant, kann auch Beilagen mit längerer Garzeit in Null komma nichts auf den Tisch stellen. Einfach vorkochen – einen oder zwei Tage lang können gekochte Kartoffeln ebenso wie Nudeln oder Reis im Kühlschrank aufbewahrt werden. Für längere Lagerung bietet sich der Tiefkühlschrank an. Reis oder Nudeln kochen. Abkühlen lassen, portionsweise in Gefrierdosen oder -beutel füllen und einfrieren.

preiswert Gebratene Kartoffelwürfel mit Kräutern

(im Bild vorne)

Für 4 Personen:
4 große Kartoffeln (ca. 1 kg)
1 große rote Zwiebel
2 EL Olivenöl
1 Knoblauchzehe
Salz / schwarzer Pfeffer
1 Päckchen TK-Kräuter »Italienische Art«

Zubereitungszeit: ca. 30 Min.
Pro Portion: ca. 220 kcal

1 Die Kartoffeln schälen, waschen und in kleine Würfel schneiden. Die Zwiebel schälen und ebenfalls klein würfeln.

2 Das Olivenöl in einer breiten beschichteten Pfanne erhitzen, die Kartoffel- und die Zwiebelwürfel darin anbraten. Den Knoblauch schälen und dazupressen. Mit Salz und Pfeffer würzen und offen unter häufigem Wenden gut 20 Min. lang braten, bis die Kartoffeln gar sind.

3 Die Kräuter unter die Kartoffeln mischen, alles mit Salz und Pfeffer abschmecken und noch kurz durchrühren.

Turbo clever!

Damit **Bratkartoffeln blitzschnell** gelingen, Knollen in Würfel schneiden und nebeneinander in einer breiten Pfanne braten. Große Kartoffeln nehmen, die sind schneller geschält als viele kleine. Und die geschälten Knollen erst in dicke Scheiben schneiden, mehrere Scheiben aufeinander legen und so in breite Streifen schneiden, zuletzt die Streifen in Würfel schneiden.

Schnellkochtopf Kartoffel-Lauch-Püree

(im Bild hinten)

Für 4 Personen:
4 große Kartoffeln (ca. 800 g)
Salz
1 Stange Lauch
2 EL Sonnenblumenkerne
1 EL Olivenöl
1/8 l Milch
weißer Pfeffer
frisch geriebene Muskatnuss

Zubereitungszeit: ca. 30 Min.
Pro Portion: ca. 220 kcal

1 Die Kartoffeln schälen, waschen und grob würfeln. Zusammen mit 1/4 l Wasser und 1/2 TL Salz in den Schnellkochtopf geben, diesen verschließen und erhitzen. Die Kartoffeln auf Stufe 2 ca. 8 Min. garen.

2 Inzwischen den Lauch putzen, aufschlitzen und waschen, in feine Ringe schneiden.

3 Die Sonnenblumenkerne in einer beschichteten Pfanne ohne Fett goldbraun rösten, aus der Pfanne nehmen. Das Öl in der Pfanne leicht erhitzen, den Lauch darin in 5–6 Min. unter gelegentlichem Rühren weich garen. Die Milch dazugießen und erhitzen, vom Herd nehmen.

4 Die Kartoffeln abgießen und zerstampfen oder durch die Kartoffelpresse drücken, die Lauch-Milch-Mischung unterrühren und alles mit Salz, Pfeffer und Muskat abschmecken. Die Sonnenblumenkerne aufstreuen.

Silit
Sicomatic

1
Silit

2
Silit

3

Schnellkochtopf Zitronen-Kartoffeln

(im Bild rechts)

Für 4 Personen:
4 große neue Kartoffeln (ca. 1 kg)
3 große Knoblauchzehen
3 EL Olivenöl
150 ml Gemüsebrühe
Salz / schwarzer Pfeffer
1 unbehandelte Zitrone
je 2 Zweige Thymian, Petersilie und Minze
1 TL Mehl

Zubereitungszeit: ca. 20 Min.
Pro Portion: ca. 260 kcal

1 Die Kartoffeln waschen, abbürsten und grob würfeln. Die Knoblauchzehen schälen und in Scheiben schneiden.

2 Das Olivenöl im Schnellkochtopf erhitzen, den Knoblauch darin goldbraun anbraten. Die Kartoffeln dazugeben und kurz mit anbraten, dann die Gemüsebrühe angießen und die Kartoffeln mit Salz und Pfeffer würzen. Den Topf verschließen **(Step 1)**.

3 Den Topf erhitzen und – je nach Gerät – abdampfen lassen **(Step 2)**, dann Kartoffeln auf Stufe 2 in ca. 7 Min. garen.

4 Die Zitrone heiß abwaschen und abtrocknen. Die Schale fein abreiben und den Saft auspressen. Die Kräuter waschen und trockenschütteln, die Blättchen abzupfen und fein hacken. Kräuter, Zitronensaft und -schale in einer Tasse mit dem Mehl glatt rühren.

5 Den Schnellkochtopf abdampfen lassen und öffnen **(Step 3)**. Dann die Zitronen-Kräuter-Mischung zu den Kartoffeln geben, alles gut vermengen und noch kurz aufkochen.

Turbo clever!

Im Schnellkochtopf zubereitet, können Kartoffeln bereits nach ca. 10 Min. auf dem Tisch stehen. Nehmen Sie **neue Kartoffeln**, die brauchen bloß abgebürstet zu werden.
Die Schale schmeckt und liefert zusätzlich eine Extra-Portion gesunder Stoffe. Oder große Kartoffeln kaufen. Denn 4 große Knollen sind schneller geputzt oder geschält als 12 kleine.

aus dem Vorrat Kartoffel-Mais-Puffer

(im Bild links)

Für 4 Personen:
1 große mehlig kochende Kartoffel (ca. 300 g)
1 Dose Maiskörner (285 g Abtropfgewicht)
3 Eier
5 EL Maisgrieß (Polenta)
Salz / schwarzer Pfeffer
1 EL Schnittlauchröllchen (frisch oder TK)
Öl zum Braten

Zubereitungszeit: ca. 20 Min.
Pro Portion: ca. 395 kcal

1 Die Kartoffel schälen, waschen und mit der Haushaltsreibe grob raspeln. In eine Schüssel geben.

2 Den Mais abtropfen lassen und mit der Kartoffel mischen. Die Eier und den Maisgrieß unterrühren. Alles mit Salz, Pfeffer und Schnittlauchröllchen würzen.

3 In einer oder zwei breiten beschichteten Pfannen jeweils etwas Öl erhitzen. Nach und nach 12 goldbraune Puffer aus der Kartoffel-Mais-Mischung backen. Dabei für jeden Puffer gut 1 EL der Mischung in die Pfanne geben. Puffer auf der Unterseite goldbraun braten, dann wenden und auch auf der anderen Seite bräunen.

preiswert Buntes Zwiebelgemüse

(im Bild vorne)

Für 4 Personen:
4 rote Zwiebeln | 150 g Schalotten
1 Bund Frühlingszwiebeln
1 EL Olivenöl | 1 Knoblauchzehe
1/8 l Gemüsebrühe | Salz | schwarzer Pfeffer
1 Prise gemahlener Koriander

Zubereitungszeit: ca. 25 Min.
Pro Portion: ca. 55 kcal

1 Die roten Zwiebeln schälen und in Spalten schneiden. Die Schalotten schälen und, je nach Größe, halbieren, vierteln oder achteln. Die Frühlingszwiebeln waschen und putzen. Die weißen Knollen halbieren oder vierteln. Etwas Zwiebelgrün in feine Ringe schneiden und zum Garnieren beiseite legen, das restliche Grün in schräge, ca. 3 cm lange Stücke schneiden.

2 Das Öl in einem Topf nicht zu stark erhitzen, alle Zwiebeln darin rundherum anschwitzen. Den Knoblauch schälen und dazupressen, dann die Brühe angießen und das Zwiebelgemüse zugedeckt bei schwacher Hitze knapp 10 Min. dünsten.

3 Das Zwiebelgemüse mit Salz, Pfeffer und gemahlenem Koriander abschmecken. Mit dem beiseite gelegten Frühlingszwiebelgrün bestreut servieren.

Fitnesstipp

Ganz schön gesund, die Familie der Zwiebeln. Die Knollen enthalten neben reichlich Vitaminen und Mineralien (darunter vor allem Kalium fürs Herz) auch ätherische Senföle. Diese Stoffe, die uns beim Zwiebelschneiden zum Weinen bringen, regen Appetit und Verdauung an und unterstützen die Leber, wirken zudem antibakteriell und sorgen für einen guten Schlaf.

für Kinder Rosenkohl-Tomaten-Gemüse

(im Bild hinten)

Für 4 Personen:
1 Zwiebel
1 TL Olivenöl
1 Päckchen passierte Tomaten (200 g)
1 Knoblauchzehe
1 EL TK-Kräuter »Italienische Art«
500 g TK-Rosenkohl
Salz | Pfeffer

Zubereitungszeit: ca. 30 Min.
Pro Portion: ca. 70 kcal

1 Die Zwiebel schälen und in feine Würfel schneiden. Das Olivenöl in einem breiten Topf leicht erhitzen, die Zwiebelwürfel darin glasig werden lassen. Die passierten Tomaten einrühren.

2 Die Knoblauchzehe schälen und durch die Presse zur Tomatensauce geben, die Kräuter einrühren.

3 Den Rosenkohl dazugeben und unter die Tomatensauce rühren, alles mit Salz und Pfeffer würzen und aufkochen, dann zugedeckt bei mittlerer Hitze ca. 15 Min. leise kochen lassen.

Besonders clever!

*Das Putzen von frischem Rosenkohl macht etwas Arbeit. Die sparen Sie sich, wenn Sie **tiefgefrorene Röschen** nehmen. Legen Sie einen großen Beutel auf Eis – der ist preiswerter als die kleinen Kartons mit nur 300 g Inhalt. Und Sie können jeweils die gewünschte Menge herausnehmen. Beutel mit entsprechenden Klipps wieder fest verschließen.*

vitaminreich Chicorée in Orangensauce

(im Bild vorne)

Für 4 Personen:
4 Chicoréestauden (ca. 500 g)
1 große unbehandelte Orange
1 rote Zwiebel
1 TL Butter
Salz / weißer Pfeffer
edelsüßes Paprikapulver
1 TL Speisestärke
2 TL gekörnte Brühe

Zubereitungszeit: ca. 20 Min.
Pro Portion: ca. 55 kcal

1 Die Chicoréestauden waschen, die äußeren Blätter ablösen und am unteren Ende ein kleines Stück vom Strunk abschneiden.

2 Die Orange heiß abwaschen und abtrocknen, die Schale fein abreiben und den Saft auspressen.

3 Die rote Zwiebel schälen und in feine Würfel schneiden. Die Butter in einem breiten Topf zerlassen, die Zwiebelwürfel darin glasig werden lassen.

4 Den Orangensaft und die Orangenschale dazugeben und aufkochen lassen. Die Chicoréestauden hineinlegen und zugedeckt bei mittlerer Hitze 7–8 Min. leise kochen lassen. Mit Salz, Pfeffer und Paprikapulver würzen.

5 Die Chicoréestauden aus dem Topf auf eine Platte heben. Die Speisestärke mit etwas Wasser anrühren, in den Topf gießen und mit dem Orangensud verrühren. Aufkochen lassen, mit 1–2 TL gekörnter Brühe würzen, mit Salz und Pfeffer abschmecken und über die Chicoréestauden träufeln.

aus dem Vorrat Italienisches Maisgemüse

(im Bild hinten)

Für 4 Personen:
2 rote Zwiebeln
2 TL Olivenöl
1 Knoblauchzehe
2 Dosen Maiskörner (je 285 g Abtropfgewicht)
8 getrocknete, in Öl eingelegte Tomaten
1/2 Päckchen TK-Basilikum
2 EL Ricotta oder Schmand
Salz / schwarzer Pfeffer

Zubereitungszeit: ca. 20 Min.
Pro Portion: ca. 220 kcal

1 Die Zwiebeln schälen und in kleine Würfel schneiden. Das Olivenöl in einem Topf leicht erhitzen, die Zwiebelwürfel darin leicht anschwitzen. Die Knoblauchzehe schälen und durch die Presse dazudrücken.

2 Die Maiskörner mit dem Sud aus den Dosen in den Topf geben. Die eingelegten Tomaten in feine Streifen schneiden und dazugeben, auch das Basilikum unterrühren. Alles bei mittlerer Hitze 5–6 Min. leise kochen lassen.

3 Ricotta oder Schmand unter das Maisgemüse rühren und alles mit Salz und Pfeffer abschmecken.

Fitnesstipp

Mais wird wie Gemüse verwendet, ist aber eigentlich ein Getreide und deshalb **reich an Kohlenhydraten**, die lange satt machen. Die gelben Körner liefern außerdem Karotin für schöne Haut und glänzende Augen. Maiskörner gibt's nicht nur in Dosen, sondern auch tiefgefroren. Legen Sie einen großen Beutel in die Truhe – die goldgelben Körnchen lassen sich problemlos in kleinen Mengen entnehmen.

vitaminreich

Kohlrabi-Möhren-Gemüse

Für 4 Personen:
2 Kohlrabi mit frischem Grün
1 Bund junge Möhren
125 g Mozzarella
1 Bund Basilikum
2 EL Pinienkerne
1 EL Öl / 1 TL Honig
Salz / schwarzer Pfeffer

Zubereitungszeit: ca. 25 Min.
Pro Portion: ca. 160 kcal

1 Die Kohlrabiknollen putzen und schälen, das zarte Grüne beiseite legen. Die Knollen in dünne Scheiben und dann in feine Stifte schneiden.

2 Die Möhren schälen und ebenfalls in feine Stifte schneiden. Mozzarella abtropfen lassen und in Streifen schneiden.

3 Das Basilikum waschen und trockenschütteln, die Blättchen in Streifen schneiden. Das Kohlrabigrün fein hacken. Beide Kräuter mischen.

4 Die Pinienkerne in einer breiten beschichteten Pfanne ohne Fett goldbraun rösten, dann aus der Pfanne nehmen. Das Öl in der Pfanne nicht zu stark erhitzen, das Gemüse darin unter Rühren ca. 8 Min. braten. Die Kräuter und den Mozzarella dazugeben, alles vermischen und nur noch ganz kurz braten. Mit dem Honig, Salz und Pfeffer würzen und mit Pinienkernen bestreut servieren.

Turbo clever!

Gemüse blitzschnell in **Stifte oder Streifen schneiden**? So gelingt's: Gemüse erst in Scheiben schneiden, mehrere Scheiben aufeinander legen und diesen Stapel in Streifen schneiden.

preiswert

Gratinierte Zucchini

Für 4 Personen:

1 Zwiebel
750 g grüne und gelbe Zucchini (oder nur grüne)
2 EL Olivenöl / 1 Knoblauchzehe
Salz / schwarzer Pfeffer
125 g Mozzarella
2 EL Bärlauch-Paste oder Pesto (aus dem Glas)

Zubereitungszeit: ca. 20 Min.
Pro Portion: ca. 180 kcal

1 Die Zwiebel schälen und in kleine Würfel schneiden oder mit dem Blitzhacker hacken. Die Zucchini waschen, putzen, längs vierteln und in grobe Würfel schneiden.

2 Das Öl in einer breiten beschichteten Pfanne erhitzen, die Zwiebelwürfel darin glasig werden lassen. Die Knoblauchzehen schälen und dazupressen.

3 Zucchini mit in die Pfanne geben, alles mit Salz und Pfeffer würzen und offen unter häufigem Wenden ca. 10 Min. braten. Inzwischen Mozzarella abtropfen lassen und klein würfeln.

4 Bärlauch-Paste oder Pesto unter die Zucchini rühren. Mozzarella aufstreuen, die Pfanne zudecken und alles noch knapp 4 Min. garen.

Turbo clever!

Die schnelle Alternative zum Gratinieren im Backofen: Käse – ob gewürfelt oder gerieben – über die heißen Zutaten in der Pfanne streuen, einen Deckel auflegen und alles kurz garen, bis der Käse geschmolzen ist.

Verwöhnvariante

Zu einem leichten sommerlichen Hauptgericht werden die gratinierten Zucchini, wenn Sie 4 Scheiben **Parmaschinken** in Streifen schneiden und mit der Bärlauchpaste unterrühren.

asiatisch Vietnamesischer Brokkoli

(im Bild hinten)

Für 4 Personen:
Salz / 750 g Brokkoli
4 Knoblauchzehen
6 EL vietnamesische Fischsauce (aus dem Asienladen)
schwarzer Pfeffer
1 TL Speisestärke
1 EL Öl

Zubereitungszeit: ca. 20 Min.
Pro Portion: ca. 110 kcal

1 Etwa 2 l leicht gesalzenes Wasser zum Kochen bringen. Den Brokkoli putzen, die Stiele abziehen und klein schneiden, die Röschen mundgerecht zerteilen. Den Brokkoli im kochenden Wasser ca. 2 Min. vorgaren, in ein Sieb abgießen und gut abtropfen lassen.

2 Den Knoblauch schälen und zerdrücken oder hacken. Die Fischsauce mit Pfeffer, Speisestärke und 100 ml Wasser glatt rühren.

3 Das Öl in einem Wok oder in einer breiten Pfanne erhitzen, den Knoblauch darin ganz kurz unter Rühren anbraten. Den Brokkoli einrühren und kurz anbraten, dann die vorbereitete Sauce angießen. Alles noch 1–2 Min. unter ständigem Rühren braten und mit Pfeffer abschmecken.

Fitnesstipp

Brokkoli gehört zu den Gemüsefavoriten, wenn es um gesunde Ernährung geht. Als besonders hilfreich gegen Krebs und Arteriosklerose stufen ihn die Amerikaner ein. **Gesunde Inhaltsstoffe** sind Kalzium für starke Knochen, Karotin für Haut und Augen, Bitterstoffe für eine gute Verdauung oder Kalium für einen ausgewogenen Blutdruck.

vitaminreich Paprika mit Bohnensprossen

(im Bild vorne)

Für 4 Personen:
je 1 grüne, gelbe und rote Paprikaschote
250 g Mungobohnensprossen
1 EL Öl / 4 EL helle Sojasauce
schwarzer Pfeffer / 1/2 TL Fünf-Gewürz-Pulver

Zubereitungszeit: ca. 20 Min.
Pro Portion: ca. 70 kcal

1 Die Paprikaschoten halbieren und putzen. Die Hälften waschen und in feine Streifen schneiden.

2 Die Mungobohnensprossen waschen und verlesen, in einem Sieb gut abtropfen lassen.

3 Das Öl in einem Wok oder einer breiten beschichteten Pfanne erhitzen, die Paprikastreifen darin ca. 2 Min. unter ständigem Rühren braten. Die Mungobohnensprossen dazurühren, alles mit Sojasauce, etwas Pfeffer und dem Fünf-Gewürz-Pulver würzen. Unter Rühren noch ca. 2 Min. garen, abschmecken und sofort servieren.

Turbo clever!

Gemüse blitzschnell garen? Einfach das Gemüse nach dem Putzen und Waschen sehr klein schneiden und unter ständigem Rühren **im heißen Wok** braten. So ist es deutlich schneller fertig als beim Kochen in Wasser.

Besonders clever!

*Ob Sojasauce oder Fischsauce, Austernsauce oder Pflaumensauce – wer verschiedene **fertige Saucen** aus dem Asienshop in seinem Vorratsschrank hat, ist jederzeit gerüstet für raffinierte und blitzschnelle Gemüsebeilagen.*

für Kinder **Fruchtiges Linsengemüse**

(im Bild vorne)

Für 4 Personen
200 g grüne Puy-Linsen
1/8 l Gemüsebrühe
1/8 l Cidre oder Apfelsaft
1 Bund Frühlingszwiebeln
2 kleine rotschalige Äpfel
2 EL Zitronensaft
Salz | schwarzer Pfeffer
2 EL Apfelessig

Zubereitungszeit: ca. 30 Min.
Pro Portion: ca. 210 kcal

1 Die Linsen zusammen mit der Gemüsebrühe und dem Cidre oder Apfelsaft in einem Topf zum Kochen bringen. Zugedeckt 20 Min. bei mittlerer Hitze leise kochen lassen.

2 Inzwischen die Frühlingszwiebeln waschen und putzen, in feine Ringe schneiden. Die Äpfel waschen und gut abreiben. Äpfel vierteln, entkernen und quer in Spalten schneiden, diese mit dem Zitronensaft beträufeln.

3 Frühlingszwiebeln und Äpfel zu den Linsen geben. Alles mit Salz, Pfeffer und Apfelessig würzen und noch 5–10 Min. leise kochen lassen, bis die Linsen bissfest sind.

Tauschbörse

Wer die besonders feinen, schwarz-grünen Puy-Linsen nicht findet, nimmt die bei uns üblichen **braunen Linsen**. Damit auch die zur schnellen Küche passen: Linsen, Brühe und Cidre oder Saft im Schnellkochtopf 7 Min. lang auf Stufe 2 garen, dann Frühlingszwiebeln und Äpfel dazugeben und alles noch 10 Min. ohne Druck leise kochen lassen.

preiswert **Schnelle Bohnencreme**

(im Bild hinten)

Für 4 Personen:
1 große rote Zwiebel
1 EL Olivenöl
3 Knoblauchzehen
1 Glas weiße Bohnen (720 g Füllgewicht)
Salz | schwarzer Pfeffer
2 TL getrockneter Thymian

Zubereitungszeit: ca. 15 Min.
Pro Portion: ca. 175 kcal

1 Die Zwiebel schälen und in kleine Würfel schneiden. Das Olivenöl in einem Topf auf mittlerer Stufe erhitzen, die Zwiebelwürfel darin glasig werden lassen. Die Knoblauchzehen schälen und durch die Presse dazudrücken.

2 Die Bohnen mit dem Einlegewasser dazugeben, mit Salz, Pfeffer und dem Thymian würzen. Offen bei schwacher Hitze ca. 5 Min. leise kochen lassen.

3 Die Bohnen direkt im Topf mit einem Kartoffelstampfer (oder dem Pürierstab) zerdrücken – es dürfen noch kleine Bohnenstücke im Püree enthalten sein. Die Bohnencreme nochmals kurz erwärmen, abschmecken und bald servieren.

Verwöhnvarianten

Zusätzlich getrocknete, in Öl **eingelegte Tomaten** klein schneiden und unter die Creme rühren. Oder gehackte Oliven untermischen.

aus dem Vorrat

Pesto-Spätzle

Für 4 Personen:
Salz
250 g Weizenmehl Type 1050
3 Eier
3 EL Pesto (aus dem Glas)
schwarzer Pfeffer

Zubereitungszeit: ca. 20 Min.
Pro Portion: ca. 320 kcal

1 In einem großen Topf reichlich Salzwasser zum Kochen bringen.

2 Inzwischen das Weizenmehl in eine Rührschüssel geben. Eier, 100 ml Wasser, Pesto, 1 TL Salz sowie etwas Pfeffer dazugeben, alles mit den Quirlen des elektrischen Handrührgeräts rasch zu einem glatten Teig verrühren.

3 Den Spätzleteig mit einem Spätzlehobel oder vom feuchten Spätzlebrett in das kochende Wasser geben. Einmal aufwallen lassen, dann die Spätzle mit einer Schaumkelle aus dem Wasser heben oder in ein Sieb abgießen. Sofort servieren.

Tauschbörse

Würzen Sie die Spätzle auch mal mit anderen **Kräuterpasten** aus dem Supermarkt, z. B. Bärlauch, Rucola oder Kräuter der Provence.

Turbo clever!

Wasser aufstellen und zugedeckt zum Kochen bringen, bevor Sie mit dem Anrühren des Spätzleteiges beginnen. Oder Wasser im **Wasserkocher** vorkochen und dann in den Topf geben. So geht nicht unnötig Zeit verloren – das Wasser kocht, wenn der Teig fertig ist.

mediterran

Griechische Tomatennudeln

Für 4 Personen:
1 Zwiebel
1 EL Olivenöl
1 große Dose geschälte Tomaten (800 g Füllgewicht)
200 g griechische Reisnudeln (Kritharaki)
2 TL getrockneter Oregano
Salz / schwarzer Pfeffer
75 g Schafkäse (Feta)

Zubereitungszeit: ca. 20 Min.
Pro Portion: ca. 285 kcal

1 Die Zwiebel schälen und klein würfeln oder mit dem Blitzhacker hacken. Das Öl in einem Topf erhitzen, die Zwiebelwürfel darin glasig werden lassen.

2 Tomaten mit dem Saft aus der Dose einrühren, die Tomaten mit einem Kochlöffel zerdrücken. Die Reisnudeln und den Oregano einrühren, alles zugedeckt bei schwacher Hitze ca. 10 Min. leise kochen lassen. Die Mischung zwischendurch mehrmals gut umrühren, damit nichts anbrennt.

3 Die Tomaten-Reisnudel-Mischung mit Salz und Pfeffer abschmecken und mit zerbröckeltem Schafkäse bestreut servieren.

Einkaufstipp

Kritharaki-Nudeln, die wie Reiskörner aussehen, bekommen Sie nicht nur in griechischen **Feinkostläden** sondern mittlerweile auch in vielen **Supermärkten**.

Tauschbörse

Tomatennudeln statt mit den griechischen Reisnudeln auch mal mit gewöhnlichem **Langkornreis oder kleinen Nudeln**, z. B. Hörnchen, probieren. Dabei immer Flüssigkeit im Topf prüfen, damit nichts anbrennt. Falls nötig etwas Wasser oder Brühe angießen.

aus dem Vorrat **Scharfer Tomatenreis**

(im Bild hinten)

Für 4 Personen:
1/2 l Tomatensaft
200 g Langkornreis
1 Knoblauchzehe
8 getrocknete, in Öl eingelegte Tomaten
1 Prise getrocknete zerbröselte Chilischoten
2 EL Tomatenmark
Salz / schwarzer Pfeffer

Zubereitungszeit: ca. 25 Min.
Pro Portion: ca. 230 kcal

1 Den Tomatensaft in einem Topf aufkochen lassen. Den Reis einstreuen und zugedeckt bei schwacher Hitze 15 Min. leise kochen lassen.

2 Inzwischen die Knoblauchzehe schälen und zerdrücken. Die getrockneten Tomaten in feine Streifen schneiden.

3 Knoblauch, getrocknete Tomaten, zerbröselte Chilischoten und das Tomatenmark unter den Reis rühren und diesen mit Salz und schwarzem Pfeffer würzen und abschmecken. Zugedeckt noch 2–3 Min. leise kochen lassen.

Verwöhnvariante

Für eine Extra-Portion Vitamine und Mineralien statt weißem Langkornreis den ungeschälten **Naturreis** nehmen. Ein Großteil der wertvollen Stoffe sitzt beim Reis nämlich in der Schale – und die wurde beim weißen Reis entfernt. Nachteil: Naturreis hat meist eine längere Garzeit. Es gibt inzwischen aber auch vorbehandelte Sorten. Deshalb Packungsangaben zur Garzeit beachten.

für Gäste **Safranreis mit Erbsen**

(im Bild vorne)

Für 4 Personen:
400 ml Gemüsefond (aus dem Glas)
1 Döschen oder Tütchen gemahlener Safran (ca. 1 g)
200 g Langkornreis
150 g TK-Erbsen
2 EL gehackte Petersilie (frisch oder TK)
Salz / weißer Pfeffer

Zubereitungszeit: ca. 20 Min.
Pro Portion: ca. 210 kcal

1 Den Gemüsefond in einem Topf aufkochen lassen. Safran einrühren und auflösen. Den Reis dazugeben und zugedeckt bei mittlerer Hitze ca. 10 Min. leise kochen lassen.

2 Die Erbsen dazugeben, Reis und Gemüse zugedeckt weitere 6–8 Min. garen, bis der Reis bissfest ist und die Flüssigkeit aufgesaugt hat. Wenn der Topf nicht fest genug schließt und dadurch Flüssigkeit verdampft, etwas Wasser nachgießen.

3 Die Petersilie unter den Safranreis rühren und diesen mit Salz und Pfeffer abschmecken.

Tauschbörse

Statt der Erbsen die gleiche Menge einer **TK-Gemüsemischung** zum Reis geben, etwa Erbsen, Bohnen, Möhren und Blumenkohl. Auch **Mais** passt gut hinein.

preiswert
Gebratene Reisnudeln

(im Bild vorne)

Für 4 Personen:
200 g Reisnudel-Flakes
(aus dem Asienladen, ersatzweise chinesische Reis-Bandnudeln in Stücke brechen)
1 Stange Lauch
1 dicke Möhre
1 Stück Ingwer (ca. 4 cm)
1 Knoblauchzehe
1 EL Öl
2 EL Sesamsamen
1/8 l Brühe
4 EL helle Sojasauce
2 TL Sambal Manis

Zubereitungszeit: ca. 30 Min.
Pro Portion: ca. 250 kcal

1 Die Reisnudel-Flakes mit warmem Wasser übergießen und quellen lassen, während die anderen Zutaten vorbereitet werden.

2 Lauch putzen, waschen und gut trockenschütteln. Längs vierteln und quer in 2 cm breite Stücke schneiden. Die Möhre waschen und schälen, in dünne Scheiben schneiden.

3 Den Ingwer und die Knoblauchzehe schälen und fein hacken. Das Öl in einer breiten Pfanne oder einem Wok erhitzen, Ingwer und Knoblauch darin leicht anbraten.

4 Möhren, Sesamsamen und Lauch dazugeben, alles unter Rühren ca. 3 Min. braten.

5 Die Reisnudel-Flakes abtropfen lassen und in die Pfanne oder in den Wok geben, kurz anbraten. Brühe, Sojasauce und Sambal Manis dazugeben, alles gut verrühren und noch ca. 2 Min. unter Rühren braten.

mediterran
Polenta mit Kräutern

(im Bild hinten)

Für 4 Personen:
1 l leichte Fleisch- oder Gemüsebrühe
250 g Maisgrieß (Polenta) | 1 Zwiebel
1 Knoblauchzehe | 1 TL Butter
1 Päckchen TK-Kräuter »Italienische Art«
4 EL frisch geriebener Parmesan
Salz | schwarzer Pfeffer

Zubereitungszeit: ca. 30 Min.
Pro Portion: ca. 310 kcal

1 Die Brühe in einem Topf aufkochen lassen. Den Maisgrieß unterrühren, offen bei schwacher Hitze ca. 15 Min. leise kochen lassen. Immer wieder kräftig umrühren, damit sich keine Klumpen bilden und die Polenta nicht anbrennt.

2 Die Zwiebel und den Knoblauch schälen und fein würfeln. Die Butter in einer kleinen Pfanne zerlassen, Zwiebelwürfel und Knoblauch darin glasig werden lassen. Die Kräuter dazugeben und ganz kurz mit anschwitzen. Mit dem Parmesan unter die Polenta rühren, diese mit Salz und Pfeffer abschmecken.

Besonders clever!

*Gleich die **doppelte Menge Polenta** kochen, zugedeckt im Kühlschrank aufbewahren und zwei, drei Tage später zum Hauptgericht aufpeppen: Polenta in dünne Scheiben schneiden, abwechselnd mit Gemüse- oder Hackfleischragout in eine Auflaufform schichten. Mit etwas Mozzarella belegen und im Ofen goldbraun überbacken. Im italienischen Feinkostladen, im Reformhaus, Bioladen oder gut sortierten Supermarkt gibt's für ganz Eilige auch **Instant-Polenta**, die innerhalb weniger Minuten auf dem Tisch steht.*

Feines für den Alltag

Das schmeckt der ganzen Familie

Der übliche Alltagsstress: rasch noch Besorgungen machen, ein paar Telefonate erledigen, Blumen gießen oder die Kinder aus der Schule abholen. Dazwischen schnell mal was kochen. Meist fehlt die Zeit, lange in der Küche zu stehen, mehr als eine halbe Stunde ist nicht drin. Wie sich trotzdem Tag für Tag abwechslungsreiche, leckere und zugleich gesunde Gerichte auf den Tisch bringen lassen, können Sie auf den nächsten Seiten lesen.

Schnelle Küche fängt beim Vorrat an

Nur mit Hilfe eines gut durchdachten und organisierten Vorrats lässt sich blitzschnell und zugleich raffiniert kochen. Denn: Auch der Einkauf gehört schließlich dazu, und ein täglicher Einkaufsbummel ist Zeitverschwendung. Was aber gehört in einen sinnvollen Vorrat, und was gehört wohin?

- ***Balkon, Terrasse oder Fensterbrett:*** frische Kräuter (möglichst verschiedene Sorten)

- ***Vorratsschrank:*** verschiedene Essig- und Ölsorten (einige Ölsorten werden besser im Kühlschrank gelagert), Konserven (z. B. Mais, rote und weiße Bohnenkerne, Linsen, Kichererbsen, Sauerkraut, Tunfisch, Tomaten, Kapern, Oliven), Reis (auch Kurzzeitreis), Nudeln, Getreide wie Maisgrieß und Couscous, Kartoffeln, rote Linsen, Sojasauce und andere asiatische Saucen, Gewürze, getrocknete Pilze, Nüsse (verschiedene Sorten), Salz, Zucker, Mehl, Brühwürfel oder -pulver, getrocknete Früchte.

- ***Tiefkühler:*** Gehackte Kräuter (möglichst verschiedene Sorten), Gemüse (pur und Mischungen; etwa Spinat, Mais, Erbsen, Bohnen), Früchte (etwa Beeren oder Mischungen), Teige (z. B. Pizza- und Blätterteig), Eiscreme, Garnelen, nach Belieben auch Fisch, Hackfleisch, Brötchen und Brot.

- ***Kühlschrank:*** Eier, Sahne (süß und sauer), Joghurt, Milch, Käse (verschiedene Sorten, z. B. Parmesan, Mozzarella, Hartkäse), Quark, Frischkäse, Aufschnitt (z. B. Salami, Schinken), Öle (z. B. Walnussöl, Traubenkernöl; nicht jedoch Olivenöl – das wird im Kühlschrank flockig), Butter/Margarine, Gläser mit Kräuter- und Würzpasten oder gehacktem Knoblauch oder Ingwer (wenn das Glas angebrochen ist), Gnocchi und gekühlte Pastasorten, gekühlte Teige (z. B. Pizzateig, Blätterteig).

Regelmäßige Kontrolle

Bitte nicht vergessen: Kontrollieren Sie Ihren Vorrat von Zeit zu Zeit.

- ***Ganz wichtig:*** Auf allen Packungen ist ein Datum aufgedruckt, bis zu dem das Produkt unter den empfohlenen Lagerbedingungen mindestens haltbar ist. Ein Lebensmittel mit einem nur kurzfristig überschrittenen Haltbarkeitsdatum sollten Sie vor der Verwendung vorsichtig probieren, es kann durchaus noch vollkommen in Ordnung sein. Verdorbenes müssen Sie natürlich wegwerfen – es ist fast immer gesundheitsschädlich.

- ***Zusätzlicher Tipp:*** Achten Sie beim Einkauf grundsätzlich auf das Haltbarkeitsdatum und wählen Sie stets das Produkt mit der längsten Haltbarkeit.

aus dem Vorrat **Schnelle Minestrone**

(im Bild vorne)

Für 4 Personen:
1 Zwiebel
50 g gewürfelter Räucherspeck
1 Knoblauchzehe
3/4 l Gemüsebrühe
500 g gemischtes TK-Gemüse
80 g kleine Suppennudeln (z. B. Muscheln oder Sternchen)
3 EL Tomatenmark
Salz | schwarzer Pfeffer
4 EL frisch geriebener Parmesan

Zubereitungszeit: ca. 20 Min.
Pro Portion: ca. 280 kcal

1 Die Zwiebel schälen und in kleine Würfel schneiden, zusammen mit dem gewürfelten Speck in einen breiten Topf geben. Bei mittlerer Hitze Speck- und Zwiebelwürfel leicht anbraten. Die Knoblauchzehe schälen und dazupressen.

2 Die Gemüsebrühe angießen und das Gemüse sowie die Suppennudeln einrühren. Alles rasch aufkochen lassen, dann halb zugedeckt bei mittlerer Hitze knapp 10 Min. leise kochen lassen.

3 Gegen Ende der Garzeit das Tomatenmark unter die Suppe rühren und diese mit Salz und schwarzem Pfeffer abschmecken.

4 Die Suppe in tiefe Teller füllen, jeweils 1 EL frisch geriebenen Parmesan darüber streuen.

Tauschbörse

Abwechslung gewünscht? Nicht nur verschiedene TK-Gemüsemischungen machen es möglich, auch **Reis statt Nudeln** sättigt auf gesunde Art. Kurzzeitreis verwenden, der braucht nur knapp 10 Min.

asiatisch **Eiernudelsuppe »Peking«**

(im Bild hinten)

Für 4 Personen:
2 getrocknete Tongupilze
50 g frische Bohnensprossen
1/2 Bund Frühlingszwiebeln
150 g Seelachsfilet
1 EL Reisessig
Salz | weißer Pfeffer
1 l Gemüsebrühe
1 TL gehackter Ingwer (aus dem Glas)
50 g chinesische Instant-Eiernudeln

Zubereitungszeit: ca. 30 Min.
Pro Portion: ca. 140 kcal

1 Die Tongupilze mit heißem Wasser übergießen und quellen lassen. Die Bohnensprossen in einem Sieb mit kaltem Wasser abspülen. Die Frühlingszwiebeln waschen, putzen und in feine schräge Ringe schneiden.

2 Das Seelachsfilet kalt abspülen und schnetzeln oder würfeln. In einer Schüssel mit Reisessig beträufeln, mit Salz und Pfeffer würzen. Die Pilze abtropfen lassen und ohne die Stiele in Streifen schneiden.

3 Die Brühe aufkochen lassen und mit Ingwer würzen. Das Gemüse darin offen ca. 5 Min. kochen lassen. Den Fisch und die Instant-Nudeln dazugeben, alles noch ca. 3 Min. kochen lassen.

Einkaufstipp

Wer Ingwer liebt, aber nicht immer Zeit und Lust zum Schälen und Hacken hat, kauft im Asiashop oder Supermarkt ein Glas mit fertig gehacktem, **eingelegtem Ingwer**. Dann ist das Würzen selbst mit kleinsten Mengen blitzschnell geschafft. Und das Glas kann monatelang im Kühlschrank aufgehoben werden.

aus dem Vorrat **Erbsencremesuppe mit Knoblauchcroûtons**

Für 4 Personen:
300 g TK-Erbsen
3/4 l Gemüsebrühe
1 EL Apfeldicksaft
2 Scheiben Vollkorntoastbrot
1 EL Olivenöl
1 Knoblauchzehe
2 EL Schmand
Salz
weißer Pfeffer
frisch geriebene Muskatnuss

Zubereitungszeit: ca. 20 Min.
Pro Portion: ca. 150 kcal

1 Die Erbsen, die Brühe und den Apfeldicksaft in einen Topf geben. Aufkochen lassen, zugedeckt bei mittlerer Hitze ca. 10 Min. leise kochen lassen.

2 Inzwischen das Toastbrot in kleine Würfel schneiden. Das Öl in einer beschichteten Pfanne erhitzen, Knoblauch schälen und dazupressen. Die Brotwürfel goldbraun rösten, aus der Pfanne nehmen.

3 Die Erbsen mit der Brühe im Mixer pürieren. Zurück in den Topf geben, den Schmand einrühren. Die Suppe wieder aufkochen lassen und mit Salz, Pfeffer und Muskat abschmecken. Die Knoblauchcroûtons zum Servieren darauf streuen.

Verwöhnvariante

Für eine besonders feine, samtige Erbsensuppe die Erbsen nach dem Pürieren durch ein **feines Sieb** streichen. Dabei bleiben die Schalenteile im Sieb zurück. Aber: Auch ein Teil der wertvollen Mineralien und Ballaststoffe geht verloren.

preiswert Grünkernsuppe mit Möhren

Für 4 Personen:
1 große Zwiebel / 1 EL Olivenöl
100 g Grünkernschrot
1 l Gemüsebrühe
2 Möhren
2 EL gehackte Petersilie (frisch oder TK)
Salz / weißer Pfeffer

Zubereitungszeit: ca. 20 Min.
Pro Portion: ca. 165 kcal

1 Die Zwiebel schälen und klein würfeln. Das Öl in einem Topf leicht erhitzen, die Zwiebel darin glasig werden lassen. Grünkernschrot einrühren und kurz rösten, dann die Brühe angießen. Aufkochen lassen und zugedeckt bei mittlerer Hitze 5 Min. leise kochen lassen.

2 Inzwischen die Möhren putzen und schälen, in dünne Scheiben schneiden oder grob raspeln. Zur Suppe geben und alles noch gut 10 Min. leise kochen lassen.

3 Die Petersilie in die Suppe geben und diese mit Salz und Pfeffer abschmecken.

Einkaufstipp

Grünkern und anderes Getreide sollte oft auf dem Tagesplan stehen, wenn Sie gesund genießen möchten. Besonders schnell lassen sich **geschrotete Körner** zubereiten. Stellen Sie sich nur kleine Mengen in den Vorratsschrank – am besten Tüten in Gläser umfüllen. Geschrotetes Getreide kann leicht ranzig werden.

Tauschbörse

Wer Möhren nicht mag, kann auch **TK-Erbsen**, abgetropften **Mais** aus der Dose, geraspelte **Zucchini** oder **Lauchringe** in der Suppe mitgaren.

Klassiker Pizza mit Austernpilzen

Für 4 Personen:
1 Paket TK-Pizzateig (450 g)
150 g Austernpilze
3 EL Olivenöl + Öl für das Blech
1 kleine Dose geschälte Tomaten (400 g Füllgewicht)
125 g Mozzarella
Salz / schwarzer Pfeffer
4 EL geriebener Parmesan
1/2 Bund Basilikum

Zubereitungszeit: ca. 30 Min. (ohne Auftauzeit)
Pro Portion: ca. 485 kcal

1 Pizzateig auftauen lassen, am schnellsten zugedeckt in der Mikrowelle auf Stufe 1 – das dauert je nach Gerät ca. 5 Min. Gleichzeitig den Backofen auf 250° (Umluft 225°) vorheizen. Austernpilze putzen und mit einem feuchten Tuch abwischen, in breite Streifen schneiden und in einer beschichteten Pfanne in 1 EL Olivenöl 2–3 Min. braten. Ein Backblech gründlich fetten.

2 Den Teig dünn ausrollen, das gefettete Blech damit auskleiden. Die Tomaten in ein Sieb abgießen und gut abtropfen lassen, hacken und auf dem Teig verteilen. Darauf die Austernpilze legen. Mozzarella klein würfeln und auf die Pilze und Tomaten streuen. Alles mit Salz und Pfeffer würzen, mit Parmesan bestreuen und mit dem restlichen Olivenöl beträufeln.

3 Die Pizza im Ofen (unten) in 10–15 Min. goldbraun backen. Inzwischen Basilikum waschen, Blättchen abzupfen. Die heiße Pizza mit dem Basilikum belegen und sofort servieren.

Verwöhnvariante

Lust auf das Original? Mehr Zeit zur Verfügung? Aus 20 g frischer Hefe, 175–200 ml lauwarmem Wasser, 1 Prise Zucker, 450 g Mehl, 4 EL Olivenöl und 1 TL Salz einen glatten Pizzateig kneten. Zugedeckt an einem warmen Ort ca. 1 Stunde ruhen lassen.

Fitnesstipp

Statt mit Austernpilzen können Sie die Pizza auch mit anderen Zutaten belegen – ganz nach Lust, Laune und Geschmack. Wer seiner Fitness einen Extra-Schub geben möchte, bevorzugt dabei **knackiges Gemüse** und geht mit Wurst und Käse sparsam um.

Besonders clever!

*Fertige **Pizzateige** gibt's fast wie Sand am Meer. Ideal für den Vorrat und geschmacklich am besten ist der Teig aus der Tiefkühltruhe – allerdings muss der erst auftauen.*
Ebenfalls lecker, eine ganze Weile aufzubewahren und sofort einsatzbereit: Pizzateig aus der Kühltheke, fix und fertig rund ausgerollt. Lässt sich direkt aus der Packung (Rolle) auf das Blech legen.
Nicht empfehlenswert sind Backmischungen für Pizzateig – meist hat der daraus zubereitete Teig wenig mit dem Original zu tun.

schneller Klassiker Bavettine »Bolognese«

(im Bild hinten)

Für 4 Personen:
Salz / 500 g Bavettine oder Tagliatelle
2 Möhren / 1 große Zwiebel
300 g Putenbrustfilet / 1 EL Olivenöl
1 Knoblauchzehe
1 große Dose geschälte Tomaten (800 g Füllgewicht)
1 TL getrockneter Thymian / schwarzer Pfeffer
4 EL frisch geriebener Parmesan

Zubereitungszeit: ca. 30 Min.
Pro Portion: ca. 615 kcal

1 4–5 l Salzwasser in einem großen Topf zum Kochen bringen. Die Bavettine oder Tagliatelle darin nach Packungsangabe bissfest garen.

2 Gleichzeitig die Möhren schälen und grob raspeln. Die Zwiebel schälen und klein würfeln. Das Putenbrustfilet in feine Scheiben, diese in dünne Streifen, dann in sehr kleine Würfelchen schneiden.

3 Das Olivenöl in einer breiten beschichteten Pfanne erhitzen, die Zwiebel darin glasig werden lassen. Die Fleischwürfelchen dazugeben und unter Rühren anbraten.

4 Die Knoblauchzehe schälen und dazupressen, die geraspelten Möhren dazugeben. Die Tomaten mit der Flüssigkeit dazugeben, alles mit Salz, Thymian und Pfeffer würzen. Fleischragout offen bei mittlerer Hitze einkochen lassen, bis auch die Nudeln fertig sind.

5 Die Nudeln in ein Sieb abgießen und gut abtropfen lassen. Die Sauce herzhaft abschmecken und zusammen mit den Nudeln servieren. Am Tisch frisch geriebenen Parmesan darüber streuen.

für Kinder Farfalle mit grüner Sauce

(im Bild vorne)

Für 4 Personen:
Salz
500 g Farfalle oder andere Nudeln
200 ml Hühnerbrühe
450 g TK-Erbsen
100 g Schmand
2 TL gehackter Dill (frisch oder TK)
schwarzer Pfeffer
Cayennepfeffer
5 dünne Scheiben magerer roher Schinken (ca. 80 g)

Zubereitungszeit: ca. 20 Min.
Pro Portion: ca. 770 kcal

1 Etwa 5 l Salzwasser in einem großen Topf aufkochen lassen. Die Nudeln hineingeben und nach Packungsangabe bissfest garen.

2 Inzwischen die Brühe mit den Erbsen in einem breiten Topf aufkochen lassen. Zugedeckt ca. 5 Min. bei mittlerer Hitze leise kochen lassen.

3 Eine halbe Tasse Erbsen beiseite stellen, die restlichen zusammen mit dem Kochsud im Mixer pürieren. Zurück in den Topf geben und wieder aufkochen lassen.

4 Schmand, die beiseite gestellten Erbsen und den Dill unter die Erbsensauce rühren. Die Sauce mit Salz, schwarzem Pfeffer und einer Prise Cayennepfeffer abschmecken.

5 Farfalle abgießen und gut abtropfen lassen, mit der Erbsensauce mischen und auf Teller geben. Den Schinken in feine Streifen schneiden und darüber verteilen.

1

2

3

vegetarisch Bandnudeln mit Zucchini

(im Bild links)

Für 4 Personen:
Salz | 2 große Zucchini (ca. 500 g)
250 g breite Bandnudeln
schwarzer Pfeffer | 50 g Pinienkerne
8 getrocknete, in Öl eingelegte Tomaten
1/2 Bund Basilikum
30 g Parmesan (am Stück)

Zubereitungszeit: ca. 25 Min.
Pro Portion: ca. 390 kcal

1 4–5 l Salzwasser in einem großen Topf zum Kochen bringen. Inzwischen Zucchini waschen, putzen und in dünne, lange Streifen schneiden. Dafür die Zucchini längs halbieren. Die Hälften mit den Schnittflächen nach unten auf ein Brett legen und mit einem großen Messer parallel zum Brett in dünne Scheiben schneiden **(Step 1)**. Anschließend mehrere Scheiben aufeinander legen und die Scheiben längs in Streifen schneiden **(Step 2)**.

2 Die Bandnudeln im kochenden Salzwasser nach Packungsangabe bissfest garen. 4 Min. vor Ende der Garzeit die Zucchinistreifen ins Kochwasser geben und mitgaren.

3 Inzwischen die Pinienkerne in einer beschichteten Pfanne ohne Fett goldbraun rösten. Aus der Pfanne nehmen. Die Tomaten in feine Streifen schneiden. Das Basilikum waschen, abtrocknen und nach Belieben in Streifen schneiden oder die Blättchen ganz lassen. Den Parmesan mit einem Sparschäler in groben Spänen abhobeln **(Step 3)**.

4 Die Nudeln und die Zucchini in ein Sieb abgießen und sehr gut abtropfen lassen. Auf tiefe Teller verteilen. Pinienkerne, Tomaten, Basilikum und Parmesan darüber streuen.

für Gäste Rucola-Nudeln

(im Bild rechts)

Für 4 Personen:
Salz
500 g kurze Nudeln (nach Belieben Muscheln, Farfalle, Penne oder kurze Makkaroni)
2 Bund Rucola | 1 große Zwiebel
4 EL Pecannusskerne
1 EL kaltgepresstes Olivenöl
1/4 l trockener Weißwein | 200 g Ricotta
schwarzer Pfeffer | 1 EL Zitronensaft

Zubereitungszeit: ca. 20 Min.
Pro Portion: ca. 750 kcal

1 4–5 l Salzwasser in einem großen Topf zum Kochen bringen. Die Nudeln darin nach Packungsangabe bissfest garen.

2 Inzwischen den Rucola waschen und trockenschütteln. Grobe Stiele entfernen, die Blätter in breite Streifen schneiden. Die Zwiebel schälen und klein würfeln.

3 Die Pecannüsse in einer breiten beschichteten Pfanne ohne Fett rösten. Herausnehmen, nach Belieben hacken und beiseite stellen. Olivenöl in der Pfanne leicht erhitzen, die Zwiebelwürfel darin glasig werden lassen. Rucola einrühren und kurz anschwitzen, mit dem Wein ablöschen. Ricotta mit einer Gabel zerdrücken und zur Sauce geben. Alles mit Salz, Pfeffer und Zitronensaft abschmecken.

4 Die Nudeln in ein Sieb abgießen und gut abtropfen lassen. Auf Teller verteilen, die Rucolamischung darüber geben. Nüsse darüber streuen.

Tauschbörse

Bereiten Sie die Nudeln doch einmal mit Löwenzahn, Brunnenkresse, Sauerampfer oder auch mit gemischten **Wildkräutern** zu. Alle sind ungemein vitaminreich und werden bundweise verkauft.

vitaminreich Fenchelreis mit Salami

(im Bild vorne)

Für 4 Personen:

2 Fenchelknollen mit frischem Grün
1 große Zwiebel
1 EL Olivenöl
400 g Risotto-Reis
800 ml Gemüsebrühe
75 g Salami
2 feste Tomaten
4 EL frisch geriebener Parmesan
Salz I schwarzer Pfeffer

Zubereitungszeit: ca. 25 Min.
Pro Portion: ca. 550 kcal

1 Den Fenchel waschen und putzen. Das zarte Grün beiseite legen, die Knollen längs halbieren und quer in feine Streifen schneiden. Die Zwiebel schälen und fein würfeln.

2 Das Öl in einem breiten Topf erhitzen, die Zwiebelwürfel darin glasig werden lassen. Den Fenchel dazugeben und kurz mit anschwitzen. Den Reis dazugeben und glasig werden lassen. Mit der Brühe ablöschen und diese aufkochen lassen.

3 Den Topf zudecken, den Reis bei schwacher bis mittlerer Hitze ca. 15 Min. garen.

4 Inzwischen die Salami in feine Streifen schneiden. Die Tomaten waschen und ohne die Stielansätze und die Kerne würfeln.

5 Die Salamistreifen und den Parmesan unter den Fenchelreis mischen und alles noch kurz erhitzen. Den Reis mit Salz und Pfeffer abschmecken, mit den Tomaten und dem Fenchelgrün bestreuen und servieren.

mediterran Couscous-Gemüsepfanne mit Minzjoghurt

(im Bild hinten)

Für 4 Personen:

600 g gemischtes TK-Gemüse
600 ml Gemüsebrühe
400 g Instant-Couscous
200 g Schafkäse (Feta)
4 Zweige Minze
300 g Schafmilch-Joghurt
Salz I schwarzer Pfeffer
edelsüßes Paprikapulver

Zubereitungszeit: ca. 20 Min.
Pro Portion: ca. 290 kcal

1 Das tiefgefrorene Gemüse in eine große beschichtete Pfanne geben und unter Rühren erwärmen. Die Gemüsebrühe angießen und aufkochen, das Gemüse bei schwacher Hitze ca. 5 Min. leise kochen lassen.

2 Den Instant-Couscous in die Pfanne geben und mit der Brühe und dem Gemüse verrühren. Den Schafkäse zerbröckeln und darunter mengen, alles zugedeckt noch ca. 5 Min. bei ganz schwacher Hitze garen bzw. quellen lassen.

3 Inzwischen die Minze waschen, trockenschütteln und hacken, mit dem Schafmilch-Joghurt verrühren und diesen mit Salz, Pfeffer und Paprikapulver abschmecken. Die Couscous-Gemüsepfanne ebenfalls abschmecken und zusammen mit dem Minzjoghurt anrichten.

Sicomatic
SLANY DESIGN

Schnellkochtopf **Pellkartoffeln mit Radieschenquark**

(im Bild hinten)

Für 4 Personen:
1 kg kleine fest kochende Kartoffeln
2 Bund Radieschen
500 g Speisequark (20 %)
1/8 l Milch
1/2 unbehandelte Zitrone
Salz | schwarzer Pfeffer

Zubereitungszeit: ca. 20 Min.
Pro Portion: ca. 310 kcal

1 Die Kartoffeln waschen, abbürsten und mit wenig Wasser in einen Schnellkochtopf geben. Den Topf verschließen, das Wasser aufkochen lassen. Je nach Gerät abdampfen lassen, dann Kartoffeln gut 7 Min. auf Stufe 2 garen.

2 Inzwischen die Radieschen waschen und putzen. Einige Radieschen beiseite legen, die restlichen fein hacken. Auch etwas Radieschengrün waschen und hacken.

3 Gehackte Radieschen samt Grün mit dem Quark und der Milch verrühren. Die Zitronenhälfte heiß abwaschen und abtrocknen, etwas Schale fein abreiben und etwas Saft auspressen. Schale und 1–2 EL Saft unter den Quark rühren und diesen mit Salz und Pfeffer abschmecken. Quark mit den beiseite gelegten Radieschen garnieren und zu den Kartoffeln servieren.

Fitnesstipp

Werfen Sie das **Radieschengrün** nicht in den Müll – es stecken eine Menge Vitamine und andere gesunde Stoffe darin. Blättchen waschen, hacken und über Salate oder andere Gerichte streuen, zu denen Radieschen, Zwiebeln oder Schnittlauch passen.

aus dem Vorrat **Gnocchi »Saltimbocca«**

(im Bild vorne)

Für 3–4 Personen:
Salz
500 g Gnocchi aus dem Kühlregal
100 g Schalotten
16 kleine Salbeiblätter
4 Scheiben roher Schinken
1 EL Olivenöl
1 EL Butter
1 Knoblauchzehe
schwarzer Pfeffer

Zubereitungszeit: ca. 15 Min.
Pro Portion (bei 4): ca. 325 kcal

1 In einem Topf etwa 2 l Salzwasser zum Kochen bringen. Die Gnocchi darin nach Packungsangabe erhitzen bzw. garen. In ein Sieb abgießen und gut abtropfen lassen.

2 Gleichzeitig die Schalotten schälen und fein würfeln. Die Salbeiblätter waschen und abtrocknen. Den Schinken in kleine Würfel oder schmale Streifen schneiden.

3 Das Olivenöl und die Butter in einer Pfanne leicht erhitzen, die Schalotten darin glasig werden lassen. Die Knoblauchzehe schälen und dazupressen. Den Salbei und den Schinken einrühren und kurz mit anschwitzen, dann die Gnocchi dazugeben und mit den anderen Zutaten vermengen. Mit schwarzem Pfeffer würzen.

Verwöhnvariante

Zusätzlich 400 g **Kalbsschnitzel** schnetzeln und nach dem Anschwitzen der Schalotten in die Pfanne geben, leicht anbraten.

preiswert Kernige Gemüsepfanne

Für 4 Personen:
2 dicke Möhren
2 große Kohlrabi mit frischem Grün
125 g Zuckerschoten | 1 EL Öl
2 EL flüssiger Honig | 2 große Zwiebeln
250 g Quinoa | Salz | schwarzer Pfeffer
100 g geriebener Emmentaler

Zubereitungszeit: ca. 30 Min.
Pro Portion: ca. 400 kcal

1 Möhren und Kohlrabi putzen, schälen und in Würfel schneiden. Kohlrabigrün beiseite legen. Zuckerschoten waschen, putzen und dritteln.

2 Möhren- und Kohlrabiwürfel in 1 TL Öl bei mittlerer Hitze unter Rühren anbraten. Die Zuckerschoten und den Honig einrühren, kurz garen. Aus der Pfanne nehmen.

3 Die Zwiebeln schälen und klein würfeln, mit dem restlichen Öl in der Pfanne glasig werden lassen. Quinoa einrühren, mit 1/2 l Wasser zugedeckt ca. 10 Min. bei schwacher Hitze garen.

4 Das Gemüse wieder untermischen, mit Salz und Pfeffer abschmecken und noch ca. 5 Min. weitergaren. Den Käse aufstreuen und alles zugedeckt noch kurz überbacken, bis der Käse zerläuft. Zartes Kohlrabigrün waschen, hacken und aufstreuen.

Fitnesstipp

Quinoa – ein uraltes Getreide aus Südamerika – besticht durch nussiges Aroma und eine gehörige Portion an hochwertigem Eiweiß sowie an Mineralien wie Kalium, Kalzium, Magnesium und Eisen. Die Körnchen sind in 15 Min. gar und eine leckere Alternative zu Reis.

asiatisch

Knackiges Joghurtgemüse

Für 4 Personen:

2 Stangen Staudensellerie
1 Stange Lauch
1 Stück Ingwer (ca. 2 cm)
2 Knoblauchzehen
3 Möhren
1 Dose Maiskölbchen (400 g Füllgewicht)
500 g fettarmer Joghurt
1 1/2 TL Mehl
1 EL Öl
2 EL Currypulver
Sojasauce zum Abschmecken

Zubereitungszeit: ca. 25 Min.
Pro Portion: ca. 340 kcal

1 Den Sellerie waschen, putzen und in Scheibchen schneiden. Lauch aufschlitzen, waschen und trockenschütteln, in feine Ringe schneiden. Ingwer und Knoblauch schälen und hacken.

2 Die Möhren waschen, schälen und längs halbieren, in Scheiben schneiden. Die Maiskölbchen in einem Sieb abtropfen lassen. Den Joghurt mit dem Mehl glatt rühren.

3 Das Öl in einem Wok oder in einer tiefen Pfanne erhitzen, den Ingwer und den Knoblauch darin unter Rühren kurz anbraten. Das vorbereitete Gemüse dazugeben und unter ständigem Rühren ca. 4 Min. braten.

4 Nach gewünschter Schärfe 1–2 EL Currypulver darüber streuen und anschwitzen, mit ganz wenig Wasser ablöschen. Den Joghurt dazugeben, alles mit Sojasauce abschmecken und noch 1–2 Min. kochen lassen.

preiswert Eier-Gratin

(im Bild hinten)

Für 4 Personen:
3 große mehlig kochende Kartoffeln (750 g)
Salz / 4 Eier
3 Frühlingszwiebeln
1 1/2 EL Butter / 150 ml Milch
schwarzer Pfeffer
frisch geriebene Muskatnuss
1/2 Päckchen gemischte TK-Kräuter
100 g geriebener Emmentaler

Zubereitungszeit: ca. 30 Min.
Pro Portion: ca. 390 kcal

1 Die Kartoffeln schälen, waschen und grob zerteilen, im Schnellkochtopf in wenig Salzwasser in ca. 7 Min. auf Stufe 2 garen.

2 Inzwischen den Backofen auf 225° vorheizen. Die Eier anstechen und in wenig Wasser in ca. 8 Min. hart kochen. Die Frühlingszwiebeln putzen, waschen und mit dem Grün in hauchfeine Ringe schneiden. Die Eier kalt abschrecken, pellen und vierteln.

3 Die Kartoffeln gut abtropfen lassen und sofort durch die Kartoffelpresse drücken. Die Butter einrühren, die Milch unterrühren. Mit Salz, Pfeffer, etwas Muskat und den Kräutern würzen.

4 Das Kartoffelpüree in eine Gratinform geben, Frühlingszwiebeln darüber streuen. Die Eier mit den Schnittflächen nach oben leicht in das Püree hineindrücken, Käse darüber streuen.

5 Das Gratin im vorgeheizten Ofen (Mitte, Umluft 200°) in ca. 10 Min. goldgelb überbacken.

Turbo clever!

Noch schneller geht's, wenn Sie übrige **Kartoffeln vom Vortag** zu Püree verarbeiten können. Oder gutes Püree aus der Packung zubereiten.

aus dem Vorrat Bunte Gemüsepfanne mit Eiernestern

(im Bild vorne)

Für 4 Personen:
1 Zwiebel
4 EL Mandelblättchen
1 EL Olivenöl
300 g TK-Erbsen
100 ml Gemüsebrühe
1 Dose Maiskörner (285 g Abtropfgewicht)
1 Dose Kidney-Bohnen (225 g Abtropfgewicht)
2 EL TK-Kräuter »Italienische Mischung«
Salz / Pfeffer
4 Eier

Zubereitungszeit: ca. 20 Min.
Pro Portion: ca. 500 kcal

1 Die Zwiebel schälen und klein würfeln. Die Mandeln in einer breiten beschichteten Pfanne ohne Fett goldbraun rösten und wieder herausnehmen. Das Öl in der Pfanne leicht erhitzen, die Zwiebelwürfel darin glasig werden lassen.

2 Die Erbsen und die Brühe dazugeben. Mais und Kidney-Bohnen abtropfen lassen und unterrühren. Alles zugedeckt 5 Min. bei schwacher Hitze leise kochen lassen.

3 Die Kräuter unter die Gemüsemischung rühren, alles mit Salz und Pfeffer abschmecken. 4 Mulden in der Mischung formen, die Eier hineingeben und zugedeckt in 5 Min. stocken lassen. Zum Servieren Mandeln über das Gericht streuen.

preiswert **Roter Bohneneintopf**

(im Bild hinten)

Für 4 Personen:
100 g Cabanossi / 2 große Kartoffeln (400 g)
1 Stange Lauch / 1 Knoblauchzehe
1/2 l Gemüsebrühe
1 große Dose Kidney-Bohnen (800 g Füllgewicht)
1 Dose geschälte Tomaten (400 g Füllgewicht)
Salz / schwarzer Pfeffer
1/4 TL getrocknete zerbröselte Chilischoten
1 EL getrockneter Thymian

Zubereitungszeit: ca. 25 Min.
Pro Portion: ca. 300 kcal

1 Die Cabanossi in dünne Scheiben schneiden. Die Kartoffeln schälen, waschen und klein würfeln. Den Lauch putzen, aufschlitzen, waschen und in Ringe schneiden. Den Knoblauch schälen und hacken.

2 Die Cabanossischeiben in einem großen Topf ohne Zugabe von Fett leicht anbraten. Kartoffeln, Lauch und Knoblauch mit anschwitzen. Mit der Brühe ablöschen.

3 Die Kidney-Bohnen abtropfen lassen und in den Topf geben. Die Tomaten mit dem Saft ebenfalls dazugeben, die Tomaten mit einem Kochlöffel zerdrücken.

4 Den Eintopf mit Salz, Pfeffer, getrockneten Chilischoten und dem Thymian würzen, aufkochen lassen und zugedeckt ca. 15 Min. leise kochen lassen. Eintopf vor dem Servieren noch einmal herzhaft abschmecken.

Turbo clever!

Noch schneller: Statt frischer Zehe 1 TL gehackten **Knoblauch aus dem Glas** verwenden, auf die Kartoffel verzichten. Zum Angießen heiße Flüssigkeit nehmen.

vitaminreich **Linsen-Curry**

(im Bild vorne)

Für 4 Personen:
250 g rote Linsen
1/2 l Gemüsebrühe
1 Bund Frühlingszwiebeln
3 Knoblauchzehen
2 rote Paprikaschoten
1 EL Butterschmalz oder Öl
2 EL Currypulver
1/4 TL getrocknete zerbröselte Chilischoten
Salz / schwarzer Pfeffer

Zubereitungszeit: ca. 20 Min.
Pro Portion: ca. 260 kcal

1 Die Linsen verlesen und waschen. Die Brühe aufkochen lassen, die Linsen hineinstreuen und zugedeckt gut 5 Min. vorgaren.

2 Inzwischen die Frühlingszwiebeln waschen, putzen und in dünne Ringe schneiden. Den Knoblauch schälen und fein hacken.

3 Die Paprikaschoten halbieren, Trennhäute, Stielansätze und Kernchen entfernen. Die Schotenhälften waschen und in feine Streifen schneiden.

4 Das Butterschmalz oder Öl in einem Wok oder einer breiten Pfanne erhitzen. Die Frühlingszwiebeln, den Knoblauch und die Paprikastreifen hineingeben und unter Rühren ca. 2 Min. braten.

5 Das Currypulver darüber streuen und unter Rühren kurz anschwitzen, dann die Chilibrösel und die gekochten Linsen samt der Flüssigkeit dazugeben. Alles noch kurz verrühren und erhitzen, mit Salz und Pfeffer abschmecken und heiß servieren.

klassisch Kräuterforellen

(im Bild hinten)

Für 2 Personen:
2 frische Forellen (je ca. 300 g)
2 EL Zitronensaft
Salz / weißer Pfeffer
1/2 Bund glatte Petersilie
150 g Champignons
1 kleine Stange Lauch
Außerdem:
2 Bratbeutel

Zubereitungszeit: ca. 30 Min.
Pro Portion: ca. 200 kcal

1 Den Backofen auf 200° vorheizen. Die Forellen kalt abwaschen und wieder abtrocknen, mit Zitronensaft, Salz und Pfeffer würzen. Die Petersilie waschen und trockenschütteln, jeweils 3 Zweige in die Forellen geben. Forellen in zwei Bratbeutel legen.

2 Die Champignons abreiben oder waschen und in Scheiben schneiden. Lauch putzen, waschen und in dünne Ringe schneiden. Das Gemüse zu den Forellen in die Bratbeutel geben.

3 Jeweils 3–4 EL Wasser in die Beutel geben, dann die Beutel mit Klipps aus der Packung verschließen. Die Beutel oben mit einem Spieß oder einer Gabel einstechen und auf ein kaltes Backblech legen. Die Forellen im heißen Backofen (Mitte, Umluft 180°) ca. 20 Min. garen.

4 Zum Servieren die Forellen und das Gemüse aus den Beuteln vorsichtig auf Teller heben. Auch den Sud aus den Bratbeuteln auf die Teller geben.

vitaminreich Fischragout mit Sellerie

(im Bild vorne)

Für 4 Personen:
500 g Fischfilet (z. B. Seelachs, Kabeljau oder Rotbarsch)
3 EL Zitronensaft
Salz / weißer Pfeffer
4 Stangen Staudensellerie
2 Bund Frühlingszwiebeln
4 EL Olivenöl
600 ml Fischfond (aus dem Glas) oder leichte Gemüsebrühe

Zubereitungszeit: ca. 30 Min.
Pro Portion: ca. 245 kcal

1 Das Fischfilet kalt abwaschen und abtrocknen, in mundgerechte Stücke schneiden. Mit Zitronensaft beträufeln, salzen und pfeffern.

2 Den Sellerie waschen und putzen, in feine Streifen schneiden. Etwas Selleriegrün fein hacken. Die Frühlingszwiebeln waschen, putzen und in schmale Ringe schneiden.

3 Das Öl in einer beschichteten Pfanne leicht erhitzen, die Frühlingszwiebeln darin unter Rühren 1–2 Min. anschwitzen. Den Sellerie dazugeben und kurz mit anschwitzen, dann den Fond oder die Brühe angießen.

4 Die Pfanne zudecken und das Gemüse bei mittlerer Hitze 5–6 Min. leise kochen lassen. Die Fischstücke dazugeben, alles bei schwacher Hitze offen noch ca. 5 Min. garen.

5 Das Ragout mit Salz, Pfeffer und dem gehackten Selleriegrün abschmecken und heiß servieren.

asiatisch Süß-scharfer Seelachs

(im Bild hinten)

Für 4 Personen:
600 g Seelachs-Filet / 4 EL Sojasauce
schwarzer Pfeffer / 1 TL Sambal Oelek
2 TL gehackter Ingwer (aus dem Glas)
1 TL gehackter Knoblauch (aus dem Glas)
1 Bund Frühlingszwiebeln
3 Scheiben frische Ananas
2 EL Öl / 1 EL Zucker
150 ml Gemüsebrühe / Salz

Zubereitungszeit: ca. 25 Min.
Pro Portion: ca. 215 kcal

1 Das Seelachs-Filet kalt abwaschen, abtrocknen und knapp 5 cm groß würfeln. Die Sojasauce mit Pfeffer, Sambal Oelek, Ingwer und Knoblauch verrühren. Die Seelachswürfel darin wenden.

2 Die Frühlingszwiebeln waschen und putzen. Die weißen Teile sehr klein würfeln, das Grün in Ringe schneiden. Die Ananasscheiben schälen und klein würfeln, den harten Mittelstrunk dabei entfernen.

3 Das Öl in einem Wok oder in einer breiten Pfanne erhitzen, die weißen Zwiebelwürfel darin glasig werden lassen. Den Zucker einrühren, dann mit der Brühe ablöschen und aufkochen lassen.

4 Von den grünen Zwiebelteilen einige zum Bestreuen beiseite legen. Die restlichen zusammen mit den Ananaswürfeln und den Fischstücken samt der Marinade in den Wok oder in die Pfanne geben, alles vorsichtig vermengen. Zugedeckt bei mittlerer Hitze ca. 10 Min. leise kochen lassen. Die Mischung mit Salz und Pfeffer abschmecken und mit dem beiseite gelegten Frühlingszwiebelgrün bestreut servieren.

preiswert Kabeljau in Senfsahne

(im Bild vorne)

Für 4 Personen:
600 g Kabeljaufilet
Saft von 1 Zitrone
Salz / weißer Pfeffer
50 g Butter
25 g Mehl
1/4 l Gemüsebrühe
1/8 l trockener Weißwein
2 EL Crème fraîche
2 EL Dijon-Senf
4 EL Schnittlauchröllchen (frisch oder TK)

Zubereitungszeit: ca. 30 Min.
Pro Portion: ca. 280 kcal

1 Das Kabeljaufilet kalt abspülen, abtrocknen und mundgerecht würfeln. Mit Zitronensaft, Salz und Pfeffer würzen.

2 1 EL Butter in einer Pfanne aufschäumen. Das Fischfilet darin bei mittlerer Hitze 2 Min. rundherum leicht anbraten. Dabei vorsichtig wenden, damit die Stücke nicht zerfallen. Die Fischstücke wieder herausnehmen.

3 Restliche Butter in der Pfanne aufschäumen. Das Mehl einstreuen und unter Rühren goldgelb werden lassen. Nach und nach mit der Brühe und dem Wein ablöschen. Die Sauce unter Rühren sämig kochen. Die Crème fraîche und den Senf unterrühren, die Sauce würzig abschmecken und 2–3 Min. kochen lassen.

4 Das Kabeljaufilet vorsichtig unterrühren und 4–5 Min. bei schwacher Hitze in der Sauce ziehen lassen. Abschmecken und mit Schnittlauch bestreut servieren.

Klassiker Schnelles Krautgulasch

Für 4 Personen:
500 g Putenbrustfilet
2 grüne Paprikaschoten
1 große Zwiebel
1 EL Öl
Salz / schwarzer Pfeffer
edelsüßes Paprikapulver
150 ml trockener Weißwein oder Brühe
1 Dose Weinsauerkraut (400 g Füllgewicht)
100 g saure Sahne

Zubereitungszeit: ca. 20 Min.
Pro Portion: ca. 240 kcal

1 Das Putenbrustfilet kalt abwaschen, abtrocknen und grob würfeln. Die Paprikaschoten waschen und halbieren, von Kernen, Trennhäutchen und Stielansätzen befreien und würfeln. Die Zwiebel schälen und klein würfeln.

2 Das Öl in einem breiten Topf erhitzen, das Fleisch darin rundherum goldbraun anbraten. Paprika- und Zwiebelwürfel dazugeben, alles kurz anschwitzen. Mit Salz, Pfeffer und Paprikapulver würzen.

3 Den Wein oder die Brühe angießen und das Sauerkraut dazugeben, alles vermengen und zugedeckt bei mittlerer Hitze 8–10 Min. kochen lassen.

4 Das Gulasch würzig abschmecken. Zum Servieren jeweils einen Klecks saure Sahne und etwas Paprikapulver darauf geben.

mediterran

Putengeschnetzeltes mit Bohnen

Für 4 Personen:
1 große Zwiebel
500 g Putenbrustfilet
2 TL Weizenmehl Type 1050
1 1/2 EL Olivenöl
Salz / schwarzer Pfeffer
1/8 l trockener Weißwein
1 Dose Wachtelbohnen (400 g Füllgewicht)
2 EL Zitronensaft
2 EL TK-Kräuter »Italienische Art«
3 EL kleine Kapern

Zubereitungszeit: ca. 20 Min.
Pro Portion: ca. 270 kcal

1 Die Zwiebel schälen und in kleine Würfel schneiden. Das Fleisch waschen und abtrocknen, fein schnetzeln und dünn mit Mehl bestäuben.

2 1 EL Olivenöl in einer breiten beschichteten Pfanne nicht zu stark erhitzen. Die Fleischstreifen darin rundherum kurz anbraten, mit Salz und Pfeffer würzen, wieder aus der Pfanne nehmen und beiseite stellen.

3 Das restliche Öl in der Pfanne erhitzen, die Zwiebelwürfel darin glasig werden lassen. Den Wein angießen, die Bohnen abtropfen lassen und dazugeben. Den Wein bei starker Hitze etwas einkochen lassen.

4 Das Fleisch wieder in die Pfanne geben, 1 EL Zitronensaft, die Kräuter und die Kapern unterrühren. Alles noch kurz erhitzen, mit Zitronensaft, Salz und Pfeffer abschmecken.

Tauschbörse

Wenn Sie die gefleckten Wachtelbohnen nicht bekommen, nehmen Sie 1 kleines Glas **weiße Bohnen** mit ca. 360 g Inhalt.

für Kinder Goldener Orangenquark

(im Bild vorne)

Für 4 Personen:
2 unbehandelte Orangen
500 g Magerquark
5 EL Ahornsirup
1/8 TL Zimtpulver
1 Prise Kurkumapulver

Zubereitungszeit: ca. 15 Min.
Pro Portion: ca. 140 kcal

1 Die Orangen heiß abwaschen und abtrocknen. 1 TL Schale fein abreiben. Von einer Frucht den Saft auspressen, die andere Orange schälen und das Fruchtfleisch klein schneiden.

2 Quark, 3 EL Ahornsirup, Zimt, Kurkuma, Orangensaft und die abgeriebene Orangenschale glatt rühren. Die Orangenstücke untermengen.

3 Die Quarkcreme in 4 Dessertschälchen verteilen, jeweils 1/2 EL Ahornsirup darüber träufeln.

Verwöhnvariante

Besonders hübsch sieht's aus, wenn Sie zusätzlich eine **Orange sorgfältig filetieren** und zum Garnieren des Desserts verwenden.

Turbo clever!

Mit einem Becher Quark oder Joghurt im Kühlschrank sind Sie stets gerüstet für **Blitzdesserts**. Ganz einfach Quark oder Joghurt mit Sirup oder Honig verrühren und mit frischen oder tiefgefrorenen Früchten und gerösteten Mandeln oder Nüssen ergänzen.

vitaminreich Obstsalat mit Mandelsauce

(im Bild hinten)

Für 4 Personen:
2 Kiwis
250 g grüne kernlose Weintrauben
4 blaue Pflaumen
1 Banane
2 EL Zitronensaft
1 Apfel
3 EL Mandelmus (aus dem Glas)
1 EL Zucker
100 g Joghurt

Zubereitungszeit: ca. 20 Min.
Pro Portion: ca. 170 kcal

1 Die Kiwis schälen und halbieren, in Scheiben schneiden. Die Weintrauben waschen, von den Stielen zupfen und halbieren. Die Pflaumen waschen, halbieren und entsteinen.

2 Die Banane schälen, in schräge Scheiben schneiden und im Zitronensaft wenden. Wieder herausheben. Den Apfel waschen und gut trockenreiben, vierteln und das Kerngehäuse entfernen. Die Viertel in Spalten schneiden und sofort im Zitronensaft wenden, wieder herausheben.

3 Die Früchte auf Tellern anrichten. Den Zitronensaft mit dem Mandelmus, Zucker und dem Joghurt verrühren und über die Früchte träufeln.

Verwöhnvariante

Zusätzlich 4 EL gehobelte oder gestiftelte **Mandeln** in einer beschichteten Pfanne ohne Fett goldbraun rösten. Über den Obstsalat streuen.

für Kinder Vanillecreme mit bunten Beeren

(im Bild vorne)

Für 4 Personen:
250 g gemischte TK-Beeren
1 Päckchen Vanille-Puddingpulver zum Kochen
1/2 l Milch
2 EL Zucker
5 EL Orangensaft
Puderzucker zum Bestreuen

Zubereitungszeit: ca. 20 Min. (ohne Auftauzeit)
Pro Portion: ca. 200 kcal

1 Die gemischten tiefgefrorenen Beeren zusammen mit dem Orangensaft auftauen lassen, am schnellsten zugedeckt in einer Schüssel in der Mikrowelle. Sie sollen jedoch nicht heiß werden.

2 Gleichzeitig das Vanille-Puddingpulver mit etwas Milch glatt rühren. Die Hälfte der restlichen Milch zusammen mit dem Zucker in einem Topf zum Kochen bringen. Das angerührte Puddingpulver einrühren und aufkochen lassen. Vom Herd nehmen, in eine Schüssel umfüllen und die restliche Milch unterrühren.

3 Die Puddingcreme mehrmals gut umrühren, damit sie schneller etwas abkühlt. Dann in Schälchen oder auf Teller füllen, die Beeren dazugeben. Mit etwas Puderzucker bestäuben und lauwarm servieren.

Turbo clever!

Wer selbst gekochten **Pudding blitzschnell** als Dessert servieren will, muss ihn rasch ein wenig abkühlen. So erreicht er schneller die gewünschte lauwarme Temperatur: Kochen Sie ihn nur mit der Hälfte der Milch, und rühren Sie die übrige Milch kalt unter die heiße Vanillecreme. Pudding nach dem Kochen sofort in eine Schüssel umfüllen, eventuell zusätzlich in ein kaltes Wasserbad stellen. Dann mehrmals gut umrühren.

aus dem Vorrat Heidelbeer-Taler

(im Bild hinten)

Für 4 Personen:
2 Eier
200 ml Milch
1 Prise Salz
1 EL Zucker
1/4 TL gemahlene Vanille
250 g Mehl
200 g TK-Heidelbeeren
Butter zum Backen
Puderzucker und Zimtpulver zum Bestreuen

Zubereitungszeit: ca. 20 Min.
Pro Portion: ca. 355 kcal

1 In einer Schüssel aus den Eiern, der Milch, 1 Prise Salz, dem Zucker, der gemahlenen Vanille und dem Mehl mit den Quirlen des elektrischen Handrührgerätes einen glatten Teig anrühren.

2 Die noch gefrorenen Heidelbeeren vorsichtig mit einem Kochlöffel unter den Teig rühren.

3 In einer großen beschichteten Pfanne etwas Butter aufschäumen lassen. Den Teig esslöffelweise in die Pfanne geben. Die Küchlein auf der Unterseite goldbraun backen, dann wenden und auch auf der anderen Seite bräunen.

4 Nach und nach den ganzen Teig verarbeiten, die Plätzchen sofort mit Puderzucker und etwas Zimt bestreut servieren.

Raffiniertes für besondere Tage

Außergewöhnliches im Nu

Jeder möchte mal mit kulinarischen Meisterwerken die Familie oder liebe Freunde begeistern. Und mit Hilfe von Tiefkühltruhe und Kühlschrank, Dose und Tüte lässt sich Außergewöhnliches auch mit wenig Zeitaufwand auf den Tisch bringen – wie die nachfolgenden Rezepte beweisen. Die Gerichte beschränken sich auf wenige Zutaten, damit auch der Einkauf zügig erledigt werden kann. Alles wird einfach, schnell und doch raffiniert zubereitet und steht nach maximal 30 Minuten auf dem Tisch. Damit mehr Zeit für das Wesentliche bleibt – das gemeinsame Genießen.

Das richtige Timing

Wer ein mehrgängiges Menü auf den Tisch bringen will, erstellt sich zuerst ganz selbstverständlich einen genauen Zeitplan. Was kann ich vorbereiten, während die Kartoffeln kochen? Was kann warten? Was darf erst in letzter Minute gemacht werden? Hilfreich ist dies natürlich auch für die Blitzküche, wenn auch der Plan nicht ganz so lang und detailliert ausfällt.

- Die Rezepte in diesem Buch sind allesamt so geschrieben, dass Sie der Reihenfolge nach arbeiten und kochen können. Es wird genau erklärt, wann Sie den Ofen vorheizen oder welches Gemüse Sie zuerst waschen und putzen müssen, damit alles nach spätestens 30 Minuten ohne Stress für Sie auf dem Tisch steht.

- Stellen Sie beispielsweise zuerst einen Topf mit Wasser auf den angeschalteten Herd, wenn Sie Nudeln servieren möchten. Es dauert schließlich einige Minuten, bis das Wasser kocht. Und während das Wasser erhitzt wird, können Sie sich um die anderen Vorbereitungen kümmern: Kräuter waschen, Gemüse schneiden oder Fleisch anbraten.

- Gleiches gilt, wenn getrocknete Zutaten eingeweicht werden müssen. Getrocknete Pilze o. ä. also immer als erstes mit Flüssigkeit übergießen.

- Muss der Tiefkühlteig auftauen? Wer keine Mikrowelle hat, sollte ihn rechtzeitig aus der Truhe nehmen.

Stylingtipps

»Das Auge isst mit.« – Was hübsch aussieht, schmeckt gleich noch mal so gut. Allerdings darf sich die Garnierung nicht in den Vordergrund drängeln. Sie sollte das Essen optisch abrunden, also geschmacklich und farblich passen und die Aromen des Gerichts andeuten. Ein Essen schön garniert zu servieren muss keineswegs aufwändig sein oder viel Zeit kosten. Hier einige Ideen:

- Weiße Teller mit grob gemahlenem Pfeffer, gehackten Kräutern (auch TK), gehackten Pistazienkernen oder einem passenden Gewürz (z. B. Currypulver) bestreuen, das Essen darauf anrichten.

- Für Desserts Teller mit Puderzucker oder einer Zimt-Zucker-Mischung bestreuen.

- Klassisch: Frische Kräuter über das fertige Essen geben. Hilfreich, wenn man Minze-, Basilikum- oder Thymianblättchen einfach auf der Fensterbank oder Terrasse pflücken kann.

- Farbliche Kontraste schaffen, etwa mit Paprikastreifen (nach Wunsch in Grün, Gelb oder Rot), Tomatenachteln, Frühlingszwiebelringen, Zitronen- oder Limettenschnitzen.

für Kinder

Safransuppe mit Reis

Für 4 Personen:
1 l Gemüsebrühe
1 Döschen oder Tütchen gemahlener Safran (ca. 1 g)
100 g Langkornreis | 1 kleine Stange Lauch
1 Zucchino | 1 EL gehackter Dill (frisch oder TK)
Salz | schwarzer Pfeffer

Zubereitungszeit: ca. 25 Min.
Pro Portion: ca. 150 kcal

1 Die Gemüsebrühe aufkochen, den Safran darin auflösen. Den Reis hineinstreuen und zugedeckt bei mittlerer Hitze ca. 12 Min. leise kochen lassen.

2 Inzwischen Lauch putzen, aufschlitzen, waschen und in feine Ringe schneiden. Den Zucchino waschen, putzen und grob raspeln. Das Gemüse in die Suppe geben und alles noch 5–6 Min. mitgaren.

3 Den Dill unter die Suppe rühren und diese mit Salz und Pfeffer abschmecken.

Turbo clever!

Noch schneller können Sie sich an der Suppe wärmen, wenn Sie gekochten Reis im **Kühlschrank** oder **Tiefkühler** zur Hand haben. Auch **Schnellkochreis** spart zusätzlich einige Zeit, er ist statt nach knapp 20 Min. je nach Sorte bereits in 5, 8 oder 10 Min. gar.

Verwöhnvariante

Für eine besondere Gelegenheit zusätzlich einige geschälte **Garnelen** oder etwas in feine Streifen geschnittenen **Räucherlachs** in die Suppe geben.

vitaminreich

Avocadosuppe mit Forellenkaviar

Für 4 Personen:
2 reife Avocados
3 EL Zitronensaft
1/4 l Milch
1/4 l leichte Gemüsebrühe
Salz / schwarzer Pfeffer
einige Tropfen Tabasco
1 kleines Glas Forellenkaviar (50 g)
2 Zweige Dill

Zubereitungszeit: ca. 15 Min.
Pro Portion: ca. 320 kcal

1 Die Avocados halbieren und entsteinen, das Fruchtfleisch mit einem Löffel aus den Schalen lösen und sofort zusammen mit dem Zitronensaft pürieren.

2 Die Milch und die Gemüsebrühe in einen breiten Topf geben und darin kurz aufkochen lassen. Nach und nach das Avocadopüree mit einem Schneebesen unterrühren.

3 Die Suppe bei schwacher Hitze auf dem Herd ziehen lassen, mit Salz, Pfeffer und einigen Tropfen Tabasco herzhaft abschmecken.

4 Zum Servieren Suppe in tiefe Teller füllen. Jeweils etwas Forellenkaviar darauf geben. Die Dillzweige waschen und trockenschütteln, die Spitzen abzupfen und auf die Suppe streuen.

Fitnesstipp

Avocados enthalten reichlich Fett in Form von wertvollen einfach und mehrfach ungesättigten Fettsäuren und liefern daneben auch die Vitamine E und B6 sowie Kalium und Magnesium.

mediterran **Feine Fischsuppe**

(im Bild hinten)

Für 4 Personen:
1 Bund Frühlingszwiebeln
1 kleine grüne Paprikaschote
2 EL Olivenöl
1 große Knoblauchzehe
1 große Dose geschälte Tomaten (800 g Füllgewicht)
1/4 l trockener Weiß- oder Rotwein
3 EL TK-Kräuter »Kräuter der Provence«
Salz / weißer Pfeffer
400 g gemischtes Fischfilet (z. B. Brasse, Tunfisch, Kabeljau, Seelachs)
100 g geschälte gekochte Garnelen (frisch oder TK)

Zubereitungszeit: ca. 25 Min.
Pro Portion: ca. 285 kcal

1 Die Frühlingszwiebeln und die Paprikaschote waschen und putzen, alles klein würfeln. Das Öl in einem breiten Topf erhitzen, das Gemüse darin leicht anbraten. Den Knoblauch schälen und dazupressen.

2 Die Tomaten samt Saft und den Wein dazugeben, die Tomaten mit einem Kochlöffel zerdrücken. Kräuter, Salz und Pfeffer dazugeben, alles offen unter häufigem Rühren ca. 10 Min. bei schwacher Hitze leise kochen lassen.

3 Inzwischen die Fischfilets und die Garnelen kalt abwaschen, die Fischfilets mundgerecht würfeln. Unter die übrigen Zutaten mischen, alles zugedeckt noch gut 5 Min. leise kochen lassen. Die Suppe abschmecken und heiß servieren.

aus dem Vorrat **Rote-Bete-Suppe mit Kräuterschmand**

(im Bild vorne)

Für 4 Personen:
500 g gekochte Rote Bete
3/4 l Gemüsebrühe
3 EL Schmand / 2 EL Aceto Balsamico
1 EL Birnendicksaft / Salz / schwarzer Pfeffer
1 EL gemischte Kräuter oder Schnittlauchröllchen (frisch oder TK)

Zubereitungszeit: ca. 20 Min.
Pro Portion: ca. 95 kcal

1 Die Rote Bete grob zerschneiden (mit Gabeln halten oder Küchenhandschuhe anziehen) und zusammen mit der Gemüsebrühe in einen Topf geben. Aufkochen lassen und zugedeckt 5 Min. kochen lassen.

2 Die Brühe zusammen mit dem Gemüse im Mixer pürieren, dann zurück in den Topf gießen. Mit 1 EL Schmand, dem Balsamessig und dem Birnendicksaft verrühren, mit Salz und schwarzem Pfeffer abschmecken und noch kurz leise kochen lassen.

3 Inzwischen den übrigen Schmand mit den Kräutern verrühren, mit etwas Salz und Pfeffer abschmecken.

4 Die Suppe auf tiefe Teller umfüllen. Jeweils einen Klecks Kräuterschmand darauf geben und mit einer Messerspitze leicht verrühren.

Besonders clever!

Gekochte und geschälte Rote Bete *gibt es in vielen Supermärkten zu kaufen – in Folie verschweißt. So ist das vitaminreiche Gemüse mehrere Wochen lang haltbar und jederzeit bereit für gesunden Blitzgenuss.*

fettarm Schnelle Meeres-Lasagne

(im Bild hinten)

Für 4 Personen:
Salz
1/4 l Fischfond (aus dem Glas) oder leichte Gemüsebrühe
3 EL Schmand
1 Döschen gemahlener Safran (ca. 1 g)
weißer Pfeffer
300 g gemischtes Fischfilet (z. B. Lachsforelle und Rotbarsch)
75 g geschälte gekochte Garnelen
3 EL Zitronensaft
8 grüne Lasagne-Nudelblätter (ohne Vorkochen)

Zubereitungszeit: ca. 25 Min.
Pro Portion: ca. 210 kcal

1 In einem breiten Topf etwa 4 l Salzwasser zum Kochen bringen. Inzwischen den Fischfond in einem breiten Topf bei starker Hitze auf die Hälfte einkochen lassen. Schmand und Safran einrühren, die Sauce mit Salz und Pfeffer abschmecken und kurz kochen lassen.

2 Gleichzeitig das Fischfilet kalt abwaschen, mit Küchenpapier abtrocknen und in kleine Würfel schneiden. Die Garnelen kalt abwaschen und ebenfalls abtrocknen. Beides in einer Schüssel mit Zitronensaft beträufeln, salzen und pfeffern.

3 Die Lasagne-Nudelblätter im kochenden Salzwasser ca. 5 Min. kochen lassen. Die vorbereitete Fisch-Garnelen-Mischung in die Safransauce geben und zugedeckt bei schwacher Hitze 3–4 Min. ziehen lassen.

4 Die Lasagne-Nudelblätter aus dem Wasser heben und gut abtropfen lassen. Vier Blätter auf tiefen Tellern verteilen, das Fischragout darauf geben und mit den übrigen Nudeln abdecken.

für Gäste Linguine mit Lachs und Spinat

(im Bild vorne)

Für 4 Personen:
Salz
100 g Crème fraîche
300 g TK-Blattspinat
weißer Pfeffer
frisch geriebene Muskatnuss
1 Limette
300 g Lachsfilet
500 g frische Linguine oder Tagliatelle aus dem Kühlregal

Zubereitungszeit: ca. 20 Min.
Pro Portion: ca. 590 kcal

1 Etwa 4 l Salzwasser in einem Topf aufkochen lassen. Inzwischen die Crème fraîche und den Spinat in einen zweiten Topf geben, den Spinat unter häufigem Rühren auftauen lassen. Falls nötig wenig Wasser dazugeben. Mit Salz, Pfeffer und Muskat kräftig würzen.

2 Die Limette heiß abwaschen, die Schale abreiben und den Saft auspressen. Den Lachs kalt abwaschen, abtrocknen und in 1–2 cm große Würfel schneiden, mit Limettensaft und -schale vermischen.

3 Den Lachs zur Spinatsauce geben und vorsichtig untermengen, alles ca. 3 Min. bei mittlerer Hitze leise kochen lassen.

4 Gleichzeitig die Nudeln in das kochende Wasser geben und nach Packungsangabe garen. Die Nudeln in ein Sieb abgießen, gut abtropfen lassen und auf tiefe Teller verteilen. Die Lachssauce jeweils in die Mitte geben.

preiswert Linsen-Hähnchen-Nudeln

(im Bild hinten)

Für 4 Personen:
Salz / 500 g Penne oder andere Nudeln
1 Bund Frühlingszwiebeln
300 g Hähnchenbrustfilet
schwarzer Pfeffer
1/4 TL gemahlener Kreuzkümmel
2 EL Öl / 1/4 l Hühnerbrühe
125 g rote Linsen / 2 EL Zitronensaft

Zubereitungszeit: ca. 20 Min.
Pro Portion: ca. 680 kcal

1 In einem großen Topf etwa 5 l Salzwasser zum Kochen bringen. Nudeln darin nach Packungsbeschreibung al dente kochen.

2 Inzwischen die Frühlingszwiebeln waschen, putzen und in feine Ringe schneiden. Das Hähnchenbrustfilet kalt abwaschen, abtrocknen und in 1–2 cm große Würfel schneiden. Mit Salz, Pfeffer und Kreuzkümmel würzen.

3 1 EL Öl in einer beschichteten Pfanne erhitzen, das Hähnchenfleisch darin rundherum in ca. 2 Min. goldbraun anbraten. Aus der Pfanne nehmen und beiseite stellen.

4 Das restliche Öl in der Pfanne erhitzen, die Frühlingszwiebeln darin leicht anbraten. Mit der Brühe ablöschen, die Linsen dazugeben und alles zugedeckt bei schwacher Hitze ca. 5 Min. leise kochen lassen.

5 Das Hähnchenfleisch zu den Linsen geben, alles noch 2–3 Min. leise kochen lassen. Mit Salz, Pfeffer, Kreuzkümmel und 1–2 EL Zitronensaft abschmecken. Die Nudeln in ein Sieb abgießen und gut abtropfen lassen, zusammen mit der Linsen-Hähnchen-Mischung servieren.

fettarm Steinpilz-Tortellini

(im Bild vorne)

Für 4 Personen:
200 g Steinpilze
2 kleine Kaninchen- oder Hasenfilets
2 rote Zwiebeln / Salz
1 EL Öl / schwarzer Pfeffer
1/8 l Rinderfond (aus dem Glas)
400 g frische Tortellini mit Käsefüllung (aus dem Kühlregal)
1/2 Bund Basilikum

Zubereitungszeit: ca. 30 Min.
Pro Portion: ca. 275 kcal

1 Die Steinpilze ganz kurz waschen, putzen und in Streifen schneiden. Die Hasen- oder Kaninchenfilets ebenfalls in feine Streifen schneiden. Die Zwiebeln schälen und in kleine Würfel schneiden.

2 In einem großen Topf 4–5 l Salzwasser zum Kochen bringen. Gleichzeitig 1/2 EL Öl in einer breiten beschichteten Pfanne erhitzen. Das Fleisch darin ganz kurz scharf anbraten, wieder herausnehmen, mit Salz und Pfeffer würzen und beiseite stellen.

3 Das restliche Öl in der Pfanne erhitzen, die Zwiebelwürfel hineingeben und glasig werden lassen. Die Pilze dazugeben und kurz anbraten. Mit Salz und Pfeffer würzen, mit dem Fond ablöschen und offen 3 Min. leise kochen lassen. Das Fleisch dazugeben und alles noch einmal aufkochen lassen.

4 Gleichzeitig die Tortellini in das kochende Salzwasser geben und nach Packungsbeschreibung garen. In ein Sieb abgießen und gut abtropfen lassen. Die Steinpilzsauce abschmecken und zusammen mit den Nudeln anrichten. Das Basilikum waschen, trockenschütteln, Blättchen abzupfen und über die Tortellini streuen.

indonesisch **Bami Goreng**

Für 4 Personen:
200 g breite Reisbandnudeln
400 g Rinderfilet
2 Zwiebeln
2 Knoblauchzehen
400 g Gemüse (z. B. Shiitakepilze, Staudensellerie, Möhre)
3 EL Öl | 6 EL Sojasauce
1–2 TL Sambal Oelek

Zubereitungszeit: ca. 20 Min.
Pro Portion: ca. 500 kcal

1 Die Reisbandnudeln in einer Schüssel mit warmem Wasser übergießen und 15 Min. quellen lassen.

2 Inzwischen das Rinderfilet in feine Streifen schneiden. Die Zwiebeln und den Knoblauch schälen und fein würfeln. Das Gemüse waschen, putzen und in feine Streifen schneiden.

3 Das Öl in einem Wok oder in einer breiten Pfanne erhitzen. Die Zwiebeln und den Knoblauch darin unter Rühren glasig werden lassen. Dann das übrige Gemüse hineingeben und unter Rühren ca. 3 Min. braten.

4 Das Gemüse an den Rand schieben. Nach und nach das Fleisch in der Wokmitte unter Rühren scharf anbraten.

5 Die Sojasauce und das Sambal Oelek dazugeben und alles verrühren. Dann die Reisbandnudeln abtropfen lassen und mit den anderen Zutaten vermengen. Alles noch 2–3 Min. unter ständigem Rühren braten und erhitzen. Sofort servieren.

für Kinder

Reispfanne mit Garnelen

Für 4 Personen:

400 ml Hummer- oder Fischfond (aus dem Glas)
200 g Langkornreis
1 kleine Dose Maiskörner (140 g Füllgewicht)
200 g geschälte gekochte Garnelen (frisch oder TK)
Salz / weißer Pfeffer
1 Msp. Zitronenpfeffer
einige Tropfen Tabasco
2 EL gehackter Dill (frisch oder TK)

Zubereitungszeit: ca. 30 Min.
Pro Portion: ca. 335 kcal

1 Den Fond und den Reis in eine Pfanne geben. Aufkochen lassen, dann die Hitze reduzieren und den Reis zugedeckt ca. 10 Min. bei schwacher Hitze leise kochen lassen.

2 Den Mais abtropfen lassen und mit den Garnelen dazugeben, alles mit Salz, Pfeffer, Zitronenpfeffer und Tabasco würzen. Den Dill einrühren, alles zugedeckt weitere 5–10 Min. garen, bis der Reis fertig ist. Sollte zu viel Feuchtigkeit verdampft sein, etwas Wasser nachgießen.

3 Die Reismischung mit Salz, Pfeffer und eventuell noch etwas Tabasco pikant abschmecken.

Besonders clever!

*Feiner **Fond im Glas** kann eine schnelle Basis für besondere Gerichte sein. Stellen Sie sich verschiedene Sorten in den Vorratsschrank. Die Fonds sind mehrere Monate haltbar. Außer Geflügel-, Rinder- und Gemüsefond gibt es auch Hummer, Fisch, Gans, Ente oder Wild.*

vegetarisch **Thai-Pfanne**

(im Bild hinten)

Für 4 Personen:
5 getrocknete Tongupilze
1 grüne Paprikaschote
4 kleine Möhren
1 Bund zarte Frühlingszwiebeln
250 g Chinakohl
100 g Mungobohnensprossen
2 Knoblauchzehen | 1 Stück Ingwer (ca. 2 cm)
1 EL Öl | 75 ml helle Sojasauce

Zubereitungszeit: ca. 30 Min.
Pro Portion: ca. 80 kcal

1 Die Tongupilze ca. 15 Min. in warmem Wasser einweichen.

2 Inzwischen alles Gemüse vorbereiten: Die Paprikaschote halbieren, putzen und waschen, in feine Streifen schneiden. Die Möhren putzen, schälen und in dünne Scheiben schneiden. Die Frühlingszwiebeln putzen, waschen und in dünne, schräge Streifen schneiden. Den Chinakohl putzen, waschen und gut trockenschleudern, in 1 cm breite Streifen schneiden. Die Mungobohnensprossen waschen und abtropfen lassen. Knoblauch und Ingwer schälen und hacken.

3 Die Pilze ausdrücken, die Stiele entfernen, die Pilze etwas klein schneiden.

4 Das Öl in einem Wok oder in einer breiten beschichteten Pfanne erhitzen. Knoblauch, Ingwer, die Paprika- und die Möhrenstücke hineingeben und unter Rühren ca. 2 Min. anbraten.

5 Die Pilze und die Frühlingszwiebeln dazugeben und ca. 3 Min. unter ständigem Rühren braten, dann den Chinakohl und die Mungobohnensprossen untermengen und alles noch ca. 2 Min. braten. Das Gemüse mit der Sojasauce würzen und abschmecken und sofort servieren.

scharf **Curry-Kartoffeln**

(im Bild vorne)

Für 4 Personen:
3 große festkochende Kartoffeln, ca. 750 g
2 TL Butterschmalz
3 feste Tomaten
3 Frühlingszwiebeln
1 TL gehackter Knoblauch (aus dem Glas)
1 TL gehackter Ingwer (aus dem Glas)
1/2 TL Sambal Oelek
1 EL Currypaste (aus dem Asienladen, ersatzweise 1 EL Currypulver)
250 g Joghurt
2 TL Mehl
Salz
3 TL schwarze Sesamsamen (nach Belieben)

Zubereitungszeit: ca. 30 Min.
Pro Portion: ca. 250 kcal

1 Die Kartoffeln waschen, schälen und klein würfeln. Das Butterschmalz in einer breiten Pfanne erhitzen. Die Kartoffeln darin unter häufigem Rühren ca. 20 Min. bei mittlerer Hitze braten.

2 Inzwischen die Tomaten überbrühen, häuten und ohne die Stielansätze klein würfeln. Die Frühlingszwiebeln waschen, putzen und in dünne Ringe schneiden. Knoblauch, Ingwer, Sambal Oelek, Currypaste und 100 ml Wasser verrühren. Joghurt mit Mehl glatt rühren.

3 Tomaten, Frühlingszwiebeln und die Currymischung zu den Kartoffeln geben und alles noch kurz kochen lassen. Joghurt unterrühren, kurz erhitzen. Alles mit Salz abschmecken und nach Belieben mit den Sesamsamen bestreut servieren.

fettarm Waller in Tomaten-Bärlauch-Sauce

Für 4 Personen:
1 Zwiebel
1 EL Olivenöl
1 Knoblauchzehe
1 große Dose geschälte Tomaten (800 g Füllgewicht)
Salz / schwarzer Pfeffer
600 g Waller-Filet
2 EL Zitronensaft
1 EL Bärlauch in Öl (aus dem Glas)

Zubereitungszeit: ca. 30 Min.
Pro Portion: ca. 340 kcal

1 Die Zwiebel schälen und klein würfeln. Das Olivenöl in einer breiten Pfanne erhitzen, die Zwiebel darin glasig werden lassen. Den Knoblauch schälen und durch die Presse dazudrücken. Die Tomaten einrühren und zerdrücken, mit Salz und Pfeffer kräftig würzen. 10 Min. bei starker Hitze einkochen lassen.

2 Inzwischen das Fischfilet kalt abwaschen und abtrocknen, in Portionsstücke schneiden. Sehr dicke Stücke quer halbieren, damit die Garzeit verkürzt wird. Mit Zitronensaft, Salz und Pfeffer würzen.

3 Bärlauch unter die Tomatensauce rühren. Die Fischstücke nebeneinander hineinlegen, die Pfanne zudecken und alles bei mittlerer Hitze noch 8–10 Min. garen, bis der Fisch gar ist.

Verwöhnvariante

Im Sommer **frische Tomaten** nehmen: 1 kg reife aromatische Tomaten kaufen, einritzen und einige Sekunden in kochendes Wasser legen. Herausheben und häuten, von den Stielansätzen befreien und grob würfeln.

Turbo clever!

So sparen Sie sich Arbeit: Die Pfanne mit einem Spritzsieb abdecken, wenn Sie die Tomatensauce einkochen lassen. Sonst ist Ihre Küche hinterher möglicherweise rötlich gesprenkelt. Wer kein Spritzsieb hat, legt einen Deckel halb auf die Pfanne.

Besonders clever!

*Statt Bärlauch in Öl, den es im Supermarkt oder Bioladen in kleinen Gläsern zu kaufen gibt, können Sie auch **frischen Bärlauch** oder **fertiges Bärlauchpesto** nehmen. Bärlauch kann man im Frühjahr selbst in schattigen Laubwäldern finden oder auf Wochenmärkten kaufen. Einfach einige der intensiv nach Knoblauch duftenden Blätter klein schneiden und unter die Tomatensauce rühren. Und wer Geschmack an den frischen Blättchen gefunden hat, rührt sich einfach sein eigenes Pesto an: 100 g junge Bärlauchblätter waschen, trocknen und klein schneiden. 80 g Pinienkerne ohne Fett in einer Pfanne rösten und abkühlen lassen, dann grob zermahlen. Beides mit 150 ml Olivenöl im Mixer pürieren. 80 g frisch geriebenen Parmesan darunter rühren und mit Salz und Pfeffer abschmecken. Das Pesto schmeckt übrigens auch zu Pasta oder als würzige Paste auf geröstetem Weißbrot.*

fettarm Putenfilet in Zitronensauce

(im Bild vorne)

Für 4 Personen:
1 kg grüner Spargel | Salz
1 große unbehandelte Zitrone
1 Hand voll Kerbel
4 Putenbrustfilets (je ca. 150 g) | 2 EL Olivenöl
weißer Pfeffer | 1 TL Mehl | 3 EL Apfeldicksaft

Zubereitungszeit: ca. 30 Min.
Pro Portion: ca. 270 kcal

1 Den Spargel waschen und im unteren Drittel schälen, die holzigen Endstücke abschneiden. Wenig Salzwasser in einem schmalen hohen Topf aufkochen, den Spargel darin zugedeckt in knapp 10 Min. garen.

2 Inzwischen die Zitrone heiß abwaschen und abtrocknen. Die Schale mit einem Juliennereißer in feinen Spänen abziehen, den Saft auspressen. Den Kerbel waschen und trockenschütteln, grob hacken.

3 Die Putenbrustfilets kalt abspülen und trockentupfen. Das Öl in einer Pfanne leicht erhitzen, die Filets darin von jeder Seite 1 Min. anbraten, mit Salz und Pfeffer würzen.

4 Die Putenbrustfilets aus der Pfanne nehmen und beiseite stellen. Das Mehl in die Pfanne streuen und leicht anschwitzen, mit knapp 100 ml Wasser ablöschen. Zitronensaft und -schale sowie den Apfeldicksaft in die Pfanne geben, mit dem Bratenfond verrühren. Salzen und pfeffern, die Putenbrustfilets wieder hineingeben und zugedeckt noch knapp 10 Min. garen.

5 Den Spargel gut abtropfen lassen, zusammen mit den Putenfilets und der Zitronensauce anrichten. Den Kerbel darüber streuen.

Klassiker Burgunder Pfeffersteaks

(im Bild hinten)

Für 4 Personen:
4 Rindersteaks (je ca. 150 g)
grob gemahlener schwarzer Pfeffer
2 EL Öl
Salz
1/4 l Burgunder Rotwein
2 EL eingelegte grüne Pfefferkörner
2 EL Crème fraîche
etwas frischer Thymian zum Garnieren

Zubereitungszeit: ca. 15 Min.
Pro Portion: ca. 440 kcal

1 Die Steaks kalt abwaschen und mit Küchenpapier abtrocknen, mit reichlich grob gemahlenem Pfeffer einreiben.

2 Das Öl in einer breiten schweren Pfanne stark erhitzen. Die Steaks darin von jeder Seite 3–5 Min. braten. Die Steaks dann salzen, aus der Pfanne nehmen und warm halten.

3 Den Rotwein in die Pfanne gießen und bei starker Hitze auf knapp die Hälfte einkochen lassen. Die Pfefferkörner und die Crème fraîche unter den Wein rühren, alles mit Salz und Pfeffer würzen und noch 1–2 Min. kochen lassen.

4 Die Steaks mit dem Fleischsaft vom Teller wieder in die Pfanne geben, alles noch kurz erwärmen und mit frischem Thymian bestreut servieren.

Turbo clever!

Feine Saucen mit viel Aroma geraten am besten, wenn man Wein oder Brühe einkochen lässt. Am schnellsten gelingt das in einer **möglichst breiten Pfanne**. Darin ist die Oberfläche groß, Flüssigkeit kann gut verdampfen.

für Gäste **Kaninchen in Gorgonzola-Pilz-Sauce**

(im Bild vorne)

Für 4 Personen:
20 g getrocknete Steinpilze
4 Kaninchenfilets (je ca. 80 g)
Salz / schwarzer Pfeffer
1 Prise gemahlener Koriander
1 große rote Zwiebel / 2 EL Öl
1/4 l trockener Weißwein
100 g Gorgonzola
8 getrocknete, in Öl eingelegte Tomaten
2 EL TK-Kräuter »Italienische Art«

Zubereitungszeit: ca. 30 Min.
Pro Portion: ca. 340 kcal

1 Die getrockneten Steinpilze mit gut 1/4 l warmem Wasser übergießen und 10 Min. quellen lassen.

2 Inzwischen die Kaninchenfilets kalt abwaschen und abtrocknen. Rundherum mit Salz, Pfeffer und Koriander einreiben. Die Zwiebel schälen und klein würfeln.

3 Das Öl in einer breiten Pfanne erhitzen, die Kaninchenfilets darin bei starker Hitze rundherum scharf anbraten. Die Hitze reduzieren, die Filets rundherum noch ca. 5 Min. braten. Aus der Pfanne nehmen und zugedeckt beiseite stellen.

4 Die Zwiebelwürfel in die Pfanne geben und anschwitzen. Die Steinpilze mit dem Einweichwasser und den Wein dazugeben, alles gut verrühren und offen bei starker Hitze auf die Hälfte einkochen lassen.

5 Gorgonzola in der Sauce schmelzen lassen. Die Tomaten in Streifen oder Würfel schneiden und dazugeben, alles mit den Kräutern, Salz und Pfeffer abschmecken und zusammen mit den Kaninchenfilets anrichten.

mediterran **Minutenschnitzel »Nizza«**

(im Bild hinten)

Für 4 Personen:
1 kleine rote Paprikaschote
1 große Zwiebel
1 Zucchino
8 dünne Schweineschnitzelchen (»Minutenschnitzel«, à 60–80 g)
Salz / schwarzer Pfeffer
2 EL Olivenöl
1 EL Kräuterpaste in Öl »Kräuter der Provence«
1/8 l trockener Rosé- oder Rotwein
75 g grüne entsteinte Oliven

Zubereitungszeit: ca. 20 Min.
Pro Portion: ca. 245 kcal

1 Die Paprikaschote halbieren, von Stielansatz, Kernen und den Trennhäutchen befreien und in feine Streifen schneiden. Die Zwiebel schälen und klein würfeln. Den Zucchino waschen, putzen und ebenfalls klein würfeln.

2 Die Schnitzelchen kalt abwaschen und abtrocknen, mit Salz und Pfeffer einreiben. Das Olivenöl in einer breiten Pfanne nicht zu stark erhitzen, die Schnitzelchen darin von jeder Seite 1/2 Minute anbraten. Aus der Pfanne nehmen und zugedeckt beiseite stellen.

3 Paprikastreifen, Zwiebel- und Zucchiniwürfel in die Pfanne geben und unter Rühren 2–3 Min. anbraten. Den Wein angießen, die Kräuterpaste und die Oliven einrühren. Offen bei starker Hitze ca. 3 Min. einkochen lassen.

4 Die Schnitzelchen wieder in die Pfanne geben, noch kurz in der Sauce erwärmen. Dann Fleisch und Gemüse zusammen anrichten und sofort servieren.

asiatisch **Hähnchen mit Zuckerschoten**

(im Bild vorne)

Für 4 Personen:
300 g Zuckerschoten | 1 Stück Ingwer (ca. 2 cm)
1 Knoblauchzehe | 500 g Hähnchenbrustfilet
2 EL Öl | 6 EL helle Sojasauce
1/4 TL Sambal Oelek
150 ml Hühnerbrühe
1/2 TL Speisestärke
Salz | schwarzer Pfeffer

Zubereitungszeit: ca. 25 Min.
Pro Portion: ca. 240 kcal

1 Die Zuckerschoten waschen und putzen, quer halbieren oder dritteln. Ingwer und Knoblauch schälen und hacken. Das Hähnchenbrustfilet kalt abbrausen, abtrocknen und in feine Streifen schneiden.

2 Etwa 1 EL Öl in einem Wok oder in einer breiten Pfanne erhitzen. Portionsweise das Hähnchenfleisch darin unter Rühren 1/2 Minute scharf anbraten. Angebratenes Fleisch herausnehmen.

3 Das restliche Öl in den Wok oder in die Pfanne geben. Die Zuckerschoten darin unter Rühren ganz kurz anbraten. Ingwer, Knoblauch, Sojasauce und Sambal Oelek einrühren.

4 Die Hühnerbrühe mit der Speisestärke in einer Tasse glatt rühren. Zu den Zuckerschoten gießen und kurz aufkochen lassen. Dann das Fleisch wieder dazugeben und noch kurz erhitzen. Alles mit Salz und Pfeffer abschmecken und sofort servieren.

Turbo clever!

Noch schneller geht's, wenn Sie Ingwer und Knoblauch **aus dem Glas** verwenden und tiefgefrorene Zuckerschoten statt frischer nehmen.

mediterran **Gegrilltes Rosmarin-Lamm**

(im Bild hinten)

Für 4 Personen:
1 Knoblauchzehe
1 kleine Zwiebel
5 Zweige frischer Rosmarin
75 ml trockener Rotwein
2 EL Olivenöl
schwarzer Pfeffer
8 Lammkoteletts
Salz

Zubereitungszeit: ca. 15 Min.
Pro Portion: ca. 615 kcal

1 Den Grill des Backofens oder einen Tischgrill aufheizen. Den Knoblauch und die Zwiebel schälen und sehr fein würfeln. Den Rosmarin kurz abwaschen. Die Nadeln abzupfen und fein hacken.

2 In einer Schüssel den Knoblauch, die Zwiebelwürfel, den Rosmarin, den Wein und das Olivenöl gründlich verrühren. Mit Pfeffer würzen.

3 Die Lammkoteletts kalt abwaschen und abtrocknen. In der Marinade wenden.

4 Die Lammkoteletts auf oder unter dem Grill von jeder Seite ca. 3 Min. garen, zwischendurch mehrmals mit der Marinade einstreichen. Die Koteletts erst nach dem Grillen salzen.

Verwöhnvariante

Für noch mehr Aroma die Koteletts in der Marinade wenden und mehrere Stunden lang im Kühlschrank marinieren. Sie können das Fleisch getrost bereits **am Vorabend einlegen** und kalt stellen.

1

2

3

für Kinder Zitronen-Tiramisu mit Feigen

(im Bild links)

Für 4 Personen:
1/2 unbehandelte Zitrone
150 g Joghurt
150 g Magerquark
2 Msp. gemahlene Vanille
1 EL heller flüssiger Honig
2 TL Sofort-Gelatine
12 Löffelbiskuits
2 TL Kakaopulver
4 frische Feigen
Zitronenmelisse zum Garnieren

Zubereitungszeit: ca. 20 Min.
Pro Portion: ca. 160 kcal

1 Die Zitrone heiß abwaschen und wieder abtrocknen. Die Schale fein abreiben, etwa 1 EL Saft auspressen. Schale und Saft mit Joghurt, Quark, gemahlener Vanille, Honig und der Sofort-Gelatine verrühren.

2 Jeweils 1 EL Zitronencreme auf vier tiefe Dessertteller geben. Jeweils 3 Löffelbiskuits darauf legen, mit der restlichen Zitronencreme überziehen. Mit Kakaopulver bestäuben.

3 Die Feigen vorsichtig waschen oder mit einem feuchten Tuch abreiben. Die Früchte halbieren, jede Hälfte in 3 oder 4 Spalten schneiden. Zu den Desserts legen. Zitronenmelisse waschen und abtrocknen. Die Desserts damit garnieren.

Einkaufstipp

Sofort-Gelatine gibt es seit einigen Jahren im Supermarkt zu kaufen, als Pulver in kleinen Tüten. Ihr Vorteil: Diese Gelatine muss nicht eingeweicht werden, sie kann sofort mit jeder Creme verrührt werden und dickt diese im Nu ein wenig an.

aus dem Vorrat Blätterteig-Hörnchen

(im Bild rechts)

Für 8 Stück:
2 EL Walnusskerne / 2 EL gehackte Mandeln
150 g Ricotta
1 EL flüssiger Honig
1 Prise Zimtpulver
1 Rolle backfertiger Blätterteig (230 g)
1 Ei zum Bestreichen
Außerdem:
Backpapier

Zubereitungszeit: ca. 30 Min.
Pro Hörnchen: ca. 200 kcal

1 Den Backofen auf 225° vorheizen. Ein Backblech mit Backpapier auslegen. Die Walnüsse hacken und mit 1 EL gehackte Mandeln in einer beschichteten Pfanne ohne Fett leicht anrösten **(Step 1)**. In eine Schüssel umfüllen und mit Ricotta, Honig und Zimtpulver verrühren.

2 Den Blätterteig auseinander rollen und in 8 Tortenstücke schneiden **(Step 2)**. Jeweils 1 EL Ricotta-Nuss-Creme am breiten Ende auf die Tortenstücke geben, diese aufrollen **(Step 3)**, an den Seiten zusammendrücken und ein wenig zu Hörnchen biegen. Auf das vorbereitete Blech legen.

3 Das Ei in einer Tasse verquirlen, die Hörnchen damit bestreichen und mit den restlichen gehackten Mandeln bestreuen. Im vorgeheizten Ofen (Mitte, Umluft 200°) in 10–15 Min. goldbraun backen. Warm servieren, aber unbedingt etwas abkühlen lassen.

Turbo clever!

Nüsse zerhacken Sie blitzschnell mit einem kleinen manuellen **Zerhacker**. Auch Zwiebeln, Kräuter und viele andere Zutaten lassen sich damit im Nu zerkleinern.

klassisch Zabaione mit Beerencocktail

(im Bild vorne)

Für 4–6 Personen:
500 g gemischte Beeren (frisch oder TK)
2 EL Limetten- oder Zitronensaft
1 Prise Zimtpulver
1 Päckchen Vanillezucker
3 Eigelbe | 3 EL Puderzucker
100 ml trockener Marsalawein
frische Minze zum Garnieren

Zubereitungszeit: ca. 10 Min. (ohne Auftauzeit)
Pro Portion (bei 6): ca. 100 kcal

1 TK-Früchte auftauen lassen, am schnellsten zugedeckt in einer Schüssel in der Mikrowelle. Frische Beeren kurz waschen, verlesen und klein schneiden. Beeren mit Limetten- oder Zitronensaft, Zimt und Vanillezucker mischen.

2 In einem breiten Topf Wasser für ein Wasserbad zum Kochen bringen. Die Hitze dann soweit reduzieren, dass das Wasser nur noch leicht perlt, aber keineswegs kocht. Diese Temperatur beibehalten.

3 Die Eigelbe zusammen mit dem gesiebten Puderzucker in eine Wasserbadschüssel geben und darin verrühren. Die Schüssel auf das heiße Wasserbad stellen und die Creme mit dem elektrischen Handrührgerät aufschlagen. Dabei nach und nach den Marsalawein dazugießen und alles zu einer dick-cremigen Masse aufschlagen.

4 Die Beeren zusammen mit der Weinschaumcreme anrichten und mit Minzeblättchen garniert sofort und noch warm servieren.

Tauschbörse

Wenn Sie **keinen Marsala** zur Hand haben oder nach Abwechslung suchen, nehmen Sie Weißwein, Sekt, Kaffee, Sherry oder Portwein.

für Kinder Aprikosenwaffeln mit Zimtcreme

(im Bild hinten)

Für 4 Personen:
Für die Waffeln:
75 g weiche Butter
2 Eier
2 Päckchen Vanillezucker
100 g Mehl
1 TL Backpulver
100 g Joghurt
3 EL Milch
40 g weiche getrocknete Aprikosen
Fett für das Waffeleisen (nach Belieben)
Für die Creme:
100 g Joghurt
100 g Mascarpone
3 EL Milch
1 EL Zucker
1 TL Zimtpulver

Zubereitungszeit: ca. 25 Min.
Pro Portion: ca. 490 kcal

1 Die Butter mit den Eiern und dem Vanillezucker cremig rühren. Das Mehl mit dem Backpulver mischen und zusammen mit dem Joghurt und der Milch unterrühren. Zuletzt die Aprikosen in sehr kleine Würfel schneiden und unter den Teig rühren.

2 Ein Waffeleisen nach der Gerätebeschreibung aufheizen und eventuell fetten. Ein Viertel des Teiges hineingeben und etwas verstreichen, zu einer goldbraunen Waffel backen. Nacheinander 4 Waffeln backen.

3 Inzwischen den Joghurt mit dem Mascarpone, der Milch, Zucker und Zimtpulver cremig rühren. Die Creme zusammen mit den Waffeln servieren.

Register

Impressum

Die Autorin

Angelika Ilies, gebürtige Hamburgerin mit Wohnsitz in der Nähe von Frankfurt am Main, startete ihre Karriere als Food-Journalistin direkt nach dem Ökotrophologie-Studium. Sie erlebte den Redaktionsalltag in einem renommierten Verlag in London. Zurück im eigenen Land, verstärkte sie das Kochressort der größten deutschen Foodzeitschrift. Seit vielen Jahren arbeitet sie erfolgreich als freie Autorin und Food-Journalistin.

Der Fotograf

Michael Brauner arbeitete nach Abschluss der Fotoschule in Berlin als Fotoassistent bei namhaften Fotografen in Frankreich und Deutschland und machte sich 1984 dann selbstständig. Sein individueller, atmosphärenreicher Stil wird überall geschätzt: in der Werbung ebenso wie in vielen bekannten Verlagen. In seinem Studio in Karlsruhe setzt er Rezepte zahlreicher GU-Titel stimmungsvoll ins Bild.

Danke!

Ein besonderes Dankeschön geht an die Firma Silit für die Bereitstellung der Küchengeräte auf den Seiten 11, 13, 46 und 78.

Wichtige Hinweise

Vor Gebrauch des Schnellkochtopfs Herstellerhinweise beachten. Die Temperaturstufen bei Gasherden variieren von Hersteller zu Hersteller. Welche Stufe Ihres Herdes der jeweils angegebenen Temperatur entspricht, entnehmen Sie bitte der Gebrauchsanweisung.

Redaktionsleitung:
Birgit Rademacker

Redaktion:
Tanja Dusy

Lektorat:
Susanne Bodensteiner

Korrektorat:
Waltraud Schmidt

Layout »Einfach clever«, Typographie und Umschlaggestaltung:
Thomas Jankovic, GF von engels verlagsbüro in München, Gestalter erfolgreicher Buchserien mit besonderem Gusto auf alles, was Genießern Spaß macht

Satz:
Knipping Werbung GmbH, München

Herstellung:
Petra Roth

Reproduktion:
Penta Repro, München

Druck und Bindung:
Kaufmann, Lahr

ISBN 3-7742-5624-1

Auflage	5.	4.	3.	2.	1.
Jahr	2007	06	05	04	03

GRÄFE UND UNZER

Ein Unternehmen der
GANSKE VERLAGSGRUPPE

DAS ORIGINAL · GU · MIT GARANTIE

Das Original mit Garantie

Ihre Meinung ist uns wichtig. Deshalb möchten wir Ihre Kritik, gerne aber auch Ihr Lob erfahren, um als führender Ratgeberverlag für Sie noch besser zu werden. Darum: Schreiben Sie uns! Wir freuen uns auf Ihre Post und wünschen Ihnen viel Spaß mit Ihrem GU-Ratgeber.

Unsere Garantie: Sollte ein GU-Ratgeber einmal einen Fehler enthalten, schicken Sie uns bitte das Buch mit einem kleinen Hinweis und der Quittung innerhalb von sechs Monaten nach dem Kauf zurück. Wir tauschen Ihnen den GU-Ratgeber gegen einen anderen zum gleichen oder einem ähnlichen Thema um.

Ihr Gräfe und Unzer Verlag
Redaktion Kochen
Postfach 86 03 25
81630 München
Fax: 089/41981-113
e-mail: leserservice@graefe-und-unzer.de

Bildnachweis:
S. 3: Teubner Foodfoto; alle anderen: Michael Brauner